고객가치 창조의 핵심 역량인

창의 그리고 실행

최정환 저

지성공간

머리말

> 창의에 대한 연구를 지속해온 지난 몇 년의 시간을 되돌아 보면서 머리 속에 떠오른 세 가지 질문을 중심으로 책의 머리말을 쓰기로 했다.

이 책을 왜 쓰게 되었는가?

창조 경영과 창조 사회가 화두가 된 오늘날, 거의 모든 분야에서 요구되는 창의로 고민하고 있는 많은 사람 그리고 기업들에게 잘 할 수 있다는 희망과 용기를 주고, 실제로 그들이 창의에 대해 올바른 인식과 이해를 가지게 함과 동시에 구체적으로 창의역량을 개선해 나가는데 일조하고자 하는 바람에서 이 책을 쓰게 되었다.

앞선 외국기업을 열심히 쫓아 가며 성장해온 우리나라 기업들에게는 창의란 과거에 해 본 경험이 별반 없어 생소할 뿐 아니라, 이를 위한 역량도 절대적으로 부족한 실정이다. 창조경영과 창조사회로의 전환이 피할 수 없는 대세가 되어 창의의 필요성이

점점 더 커지고 있는 가운데, 고객가치를 추구하는 기업들은 창의 없이는 향후 성장은 고사하고 생존도 어렵게 될 것이라는 일종의 위기의식까지 가지게 되었다. 이에 대한 대응으로 실상 많은 기업들이 그 동안 창의에 대해 상당한 소통과 노력을 경주해왔다. 그러나 드러난 결과를 살펴 보면, 절대 다수의 많은 기업들은 창의에 대한 올바른 이해나 지식이 여전히 부족하여 창의를 위해 무엇을 어떻게 해야 하는지에 대한 확신이 없고 실제 실행에 있어서도 많은 시행착오를 겪고 있는 것이 실상이다.

이러한 기업들을 가까이서 목격하면서, 이들이 당면하고 있는 창의에 대한 문제를 함께 해결해 보고자 하는 생각으로 창의에 대한 연구를 시작하게 되었고, 개인적으로도 의미 있는 도전이 될 수 있어 뚜렷한 목적의식도 갖게 되었다. 그로부터 지난 몇 년 동안 다양한 산업에 걸쳐 여러 기업에서 일하는 임직원들과 인터뷰를 하면서 그들이 가지고 있는 질문과 문제를 이해할 수 있었다. 이러한 질문과 문제를 바탕으로 창의에 대한 연구를 진행해왔고, 동시에 창의에 대해 좋은 성과를 냈다는 국내외 여러 기업들도 직접 방문하여 보고 배울 수 있는 기회를 가졌다. 이러한 이론 연구와 현장 경험을 통해 축적한 Know-how를 바탕으로 실제로 어느 기업을 대상으로 창의 프로그램을 만드는 Consulting Project도 직접 수행하여 다수의 특허 출원이라는 성과도 올릴 수 있었다. 이렇게 이론 연구를 통해 얻은 결과와 실제 현장 경험을 통해 얻은 Know-how를 이 책을 통해 가능한 많은 사람들 그리고 기업들과 공유하여 실제로 그들이 창의를 통해 추구하는 고객가치 창조를 이루는데 일조했으면 하는 바람으로 이 책을 쓰게 되었다.

이 책을 통해 누구에게 어떤 메시지를, 그리고 왜 전하고 싶은가?

먼저, 고객가치 창조를 추구하는 기업에게 창의는 이를 위해 없어서는 안 될 조직의 핵심 역량이고, 이러한 조직의 역량은 바로 조직의 내부 구성원인 개인의 역량에서 나온다는 어쩌면 당연하게 들릴 수 있는 이야기를 상기시켜 주고 싶다.

그리고, 창의로 고민하는 모든 사람들에게, 비록 사람간에 정도의 차이는 있을지 모르지만, 사람은 모두 다 창의적이다라는 격려의 말을 꼭 전하고 싶다. 창의란 천부적인 재능이 주어져야만 할 수 있는 소수 사람들의 전유물이 아니라, 생각할 수 있는 사람이라면 누구나 창의적인 아이디어를 발현할 수 있고 얼마든지 창의적인 활동을 할 수 있다라는 희망과 격려의 메시지를 전하고자 한다.

필자의 연구와 실제 현장 경험을 바탕으로 확신을 가지고 말할 수 있는 것은 창의란 다름 아닌 개인이 가질 수 있는 하나의 기량이라는 것이고, 더욱이 이는 개인의 노력에 의해 얼마든지 개선될 수 있는 기량이라는 것이다. 다만, 창의라는 기량을 개선하기 위해서는 학습과 훈련을 필요로 한다는 것도 동시에 강조하고 싶다. 조직의 창의성을 높이고자 하는 기업에게는 창의적인 조직을 만들기 위해서 외부에서 창의적인 사람을 찾아 헤매는 대신, 이미 조직 내에서 열성을 가진 내부 구성원들 안에 잠재되어 있는 창의성을 끄집어 내는 일에 매진할 것을 제안하고자 한다.

그리고, 진정 고객가치 창조를 추진하고자 하는 경영진에게는 무엇보다도 경영진이 먼저 창의에 대해 올바로 이해해야만 창의를 위해 적절한 준비가 가능하고, 준비된 사람과 조직에서만 창의는 가능하다는 말씀을 꼭 드리고자 한다. 필자는 오랜 외국생활과 많은 나라를 다녀보았지만, 고속도로 위를 그 것도 야간에 시속 100Km이상의 속도로 달리는 관광버스 안에서 춤을 추는 사람들을 우리나라 외에서는 아직 본적이 없다. 이렇게 역동적인 우리 민족은 창의에 있어서도 외국의 어느 기업 또는 어느 민족 못지 않게 얼마든지 잘 할 수 있다는 필자의 확신을 이 책을 읽는 모든 사람들과 공유하고 싶다.

이 책을 마무리하며 생각나는 사람은?

무엇보다도, 그 동안의 연구 과제였던 창의에 대해 나의 얘기를 많이 들어 주고 격려해준 아내에게 고마움을 전하고 싶다. 무얼 하는 지는 잘 모르시지만 새벽마다 책상에 앉아 있는 아들의 건강을 걱정하셨던 아버님께도 감사드리고, 늘 옆에서 나의 삶에 활력이 되어주는 사랑스러운 두 딸, 그리고 내가 공부할 때 마다 책상 밑에 자리잡고 앉아 눈을 마주치던 Joy도 지칠 수 있는 집필 과정에 많은 힘이 되어 주었다.

또한, 창의에 대한 질문이 생길 때마다 물어보면 늘 명쾌한 설명으로 큰 도움을 주었던 직장 동료인 김범열 수석연구위원에게는 지적 부채를 많이 지고 있고 마음 속에 가졌던 감사를 지면을 빌어 표현하고자 한다.

마지막으로, 책 출판과 편집과정을 꼼꼼히 챙기시고 어김없이 약속을 지키시며 성심껏 애써주신 지성공간에도 깊은 감사의 마음을 전하고자 한다.

2011년 11월

바다를 바라보면서 하와이에서

목차

Ⅰ 고객가치 창조를 위한 창의 (倉意, 창조적 사고 Creative Thinking)에 대하여

Ⅱ 고객가치 창조의 첫 단추인 창의에 대한 이해

Ⅲ 고객가치 창조를 위한 개인의 창의에 대하여

Ⅳ 고객가치 창조를 위한 기업의 창의경영(倉意經營)

I

고객가치 창조를 위한 창의(創意, 창조적 사고 Creative Thinking)에 대하여

I

고객가치 창조를 위한 창의(創意, 창조적 사고 Creative Thinking)에 대하여

'창의란 노력을 통해 개선할 수 있는 개인의 스킬이야!
그러니 우리도 얼마든지 잘 할 수 있어!'

Apple, Google, Facebook, IBM, P&G 등 오늘날 성공하는 기업들의 출발점이 바로 고객가치 창조를 가능하게 하는 창의, 즉 창조적 사고라는 것을 인식한 수 많은 기업들이 창의를 강조하며 실제로 많은 노력을 경주하고 있다. 그 동안 소비자들을 위해 다양한 High-tech제품을 제조하여 제공해온 한국전자도 최근 창의의 중요성을 깊이 인식하여 어떻게 하면 직원들의 창의성을 높이고 이를 통해 차별화된 고객가치를 지닌 제품을 만들어 낼 것인가에 대해 깊은 고민을 해오고 있다.

고객을 위한 가치 창조의 첫 단추가 되는 창의가 조직 내에 미흡함을 인식하고 이를 보완하기 위해 사내 제안제도, 혁신교육을 위한 연수원 설립과 운영, 내/외부 사례 전파를 위한 책자 출간 등 적지 않은 시도를 해보았지만 아직까지 창의가 발판이 된 뚜렷한 사업성과를 못 내고 있다. 한국전자 사내의 Think Tank인 한국전자 경영연구원에서 근무하고 있는 김진용 연구위원은 창의에 대한 깊은 관심을 가지고 이에 대한 연구를 지속적으로 해오고 있었다. 사실, 창의가 그의 전문 분야는 아니지만, 기업의 지속 가능한 성장이란 창의 없이는 가능하지 않다고 믿기 때문에 이에 대한 중요성을 깊이 인식하고 어떻게 하면 한국전자가 창의를 통해 성장을 지속할 수 있을까에 대한 답변을 찾기 위해 많은 노력을 해왔다. 창의에 대한 문헌도 광범위하게 읽고 사례를 통해 창의를 위한 사내 프로그램이 잘 되어있다는 P&G, IBM, Google, Horiba 등을 포함한 해외기업들도 방문해 보고 이 분야의 교수들도 만나보며 연구를 지속해 오면서, 때때로 창의에 대한 자신의 생각을 글로 발표하기도 했다.

2주 전쯤 그는 인터넷에서 우연히 미국 시카고에서 실시하는 Creative Thinking Workshop이라는 프로그램을 보고 매우 호기심이 생겨 온라인으로 참가 신청을 해 두었다. 그리고 어제 그 프로그램을 참석하기 위해 인천공항을 떠난 후 14시간 정도의 비행 끝에 마침내 이른 아침 시카고 O'Hare공항에 도착하였다. 통관을 끝내고 공항 모노레일로 렌탈카 사무소로 가서 자동차를 Pick-up한 후, 상큼하게 느껴지는 공기와 따듯한 햇살을 가르며 Workshop 장소로 향했다. I-90 고속도로를 동쪽으로 약 1시간 정도 달리자 John Hancock Building과 Sears Tower가 연결되는 시카고 다운타운의 Skyline이 눈에 들어온 후 오래되지 않아 Workshop장소에 도착했다.

자동차를 주차하고 Workshop이 진행될 건물로 들어와 Receptionist의 안내로 302호 방에 도착하자 강사인 Gerald가 반갑게 맞아 주었다. 302호 방에는 놀라울 정도로 가구는 물론 방 전체가 온통 보라색으로 칠해져 있었다. 건네 주는 Mug속의 진한 블랙 커피를 받아 마신 후, 프로그램이 시작되었다. 과거에는 접해 보지 못했던 특이한 방법으로 Listen-and-Do형태의 실습을 중심으로 Workshop을 진행하며 다양한 도구를 사용하는 것도 인상적이었다. 오전 휴식시간이 되어 음료를 마시면서 갑자기 이러한 Workshop에는 어떤 기업의 사람들이 참가하는지가 궁금해졌다.

그래서, 강사에게 접근하여 물어 보았더니, 그는 지금 또 하나의 Workshop이 다른 방에서 동시에 진행되고 있는데 그 방에는 Microsoft

에서 한 팀 전체를 보내어 Microsoft 직원들만을 대상으로 진행하고 있다고 했다. 이 말을 듣고 갑자기 그는 약간의 놀라움과 안도감이 혼합된 야릇한 감정을 느끼며 스스로에게 중얼거렸다. '아니, Microsoft에서 이런 Creative Thinking Workshop에 한 팀 전체를 보냈다니, 이건 뭐지? 창의라는 것이 우리만 고민하는 것이 아니라 외국기업들도 똑같이 고민하고 있는 것이네. 그런데 Microsoft 사람들이 이 Workshop에 왔다는 것은 그들도 고민하는 창의를 내부적으로 해결할 수 없어 외부의 도움을 받으려 온 것일 것이고, 또 이들이 이 Workshop에 와서 교육을 받는다는 것은 창의도 교육이나 훈련을 받으면 나아질 수 있는 것이라고 믿기에 여기 온 것이겠지. 아니, 아니, 그럼 주입식 교육으로 사고가 굳어져 있어 창의성이 약하다고 생각하고 있는 우리와 이들은 도대체 뭐가 다르지??? 아니, 그렇다면, 창의란 우리도 외국기업같이 배우고 노력하면 얼마든지 잘 할 수 있는 것 아니야? 아~ 그렇구나! 창의란 노력을 통해 개선할 수 있는 개인의 스킬이야! 그러니 우리도 얼마든지 잘 할 수 있어!'

1 고객가치 창조는 기업의 존재에 대한 기본 명제

(1) 고객가치 창조의 사례를 통해 본 영속적 기업의 조건

오늘날과 같이 급속한 변화가 이루어지는 시장에서는 수 많은 기업들이 출현했다 사라지는 것은 물론, 심지어 한때 선두그룹을 형성하던 기업들도 짧은 시간 내에 쇠퇴하는 모습을 어렵지 않게 찾아 볼 수 있다. 하나의 예로, 미국 주식시장의 변화를 보여주는 Dow Jones 산업지수(Dow Jones Industrial Index)는 미국경제의 실상을 반영하는 30개의 대표기업들의 실적을 기반으로 산출된다. 그런데, 이 Dow Jones 산업지수를 구성하는 30개 기업을 역사적으로 살펴보면, 많은 기업들이 입장했다가 퇴장하거나 심지어 사라진 것을 알 수 있다. 이렇게 오랜 시간에 걸쳐 기업들을 관찰해 보면, 기업이 출현하여 지속 가능한 성장을 유지하거나 영속할 수 있는 기업이 된다는 것이 실로 얼마나 어려운 일인지를 실감할 수 있다. 그렇다면, 기업은 무엇을 어떻게 하면 영속할 수 있을까? 영속할 수 있는 기업의 조건이란 과연 무엇일까? 먼저 몇 가지 구체적인 사례를 살펴보고 이를 통해 기업이 영속할 수 있는 조건을 논의해 보고자 한다.

▌일반 Game을 넘어 휴대폰 Game, 운동과 가족 오락분야에서도 새로운 고객가치를 제공 : Nintendo

▌유통 분야에서 고객의 불편을 해결 : Bloom Grocery Store

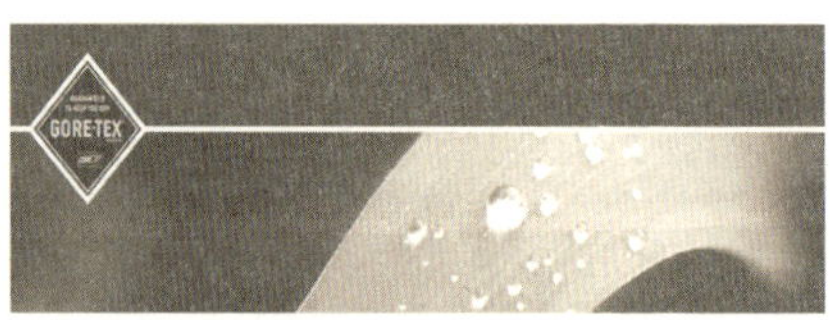

▲ Gore-Tex: Guaranteed to keep you dry.

▲ Intel: Intel Inside

▌B2B 기업이 소비자를 대상으로 한 Brand Communication: Intel Inside Campaign/Gore-Tex Campaign

Just-in-time Supply Chain Management를 도입하여 고객들의 제품 선택을 넓힘으로써 의류업계의 Fast Fashion을 주도: ZARA

음악을 즐기고자 하는 소비자들의 불편을 해소해 주기 위해 만들어 낸 iTunes : Apple

앞에서 언급된 사례들의 공통점을 생각해보면, 비록 업종은 다르지만 고객의 관점에서 고객의 구매로 연결되는 의미 있는 가치를 새로이 만들어 제공함으로써, 즉 고객가치 창조를 통해 시장에서 성공적인 성과를 냈다는 것이다. 그렇다면, 여기서 말하는 고객가치 창조란 구체적으로 무엇을 말하고 이것이 왜 중요한지를 살펴보자.

고객가치 창조(Customer Value Creation)란 간단히 말해, 고객이 구매/사용하고자 하는 가치를 새로이 만들어 제공하는 기업의 활동이라 할 수 있다. 기업은 가치사슬(Value Chain) 전반에 걸쳐 모든 단계의 활동에서 고객가치를 창조할 수 있고, 이를 통해 더 높은 가치를 고객에게 제공할 수 있다. 실제로, 새로운 상품 또는 기존 상품의 추가적 속성, 새로운 서비스 상품 또는 기존 서비스의 추가적 속성, 새로운 혜택, 차별화된 정보, 새로운 가치를 제공하는 광고, 브랜드 Communication 메시지, 새로운 감성적 품질 요소, 새로운 비즈니스 모델 또는 기존 비즈니스 모델의 새로운 구현방식(구매, 지불, 배송, 서비스 등에 있어서의 구현방식, …), 그리고 B2B사업에서는 특히, 신속한 고객대응/지원, 안정적 부품 공급, 고객과의 신뢰관계 등을 포함하여 다양한 형태로 기업은 가치사슬 내에서 고객가치를 창조하고 있다. 아래 그림에서 보듯이, 어느 기업이 고객에게 기존 제품을 넘어 고객들이 구매하고자 하는 가치를 (커다란 비용 증가 없이) 새로이 만들어 제공한

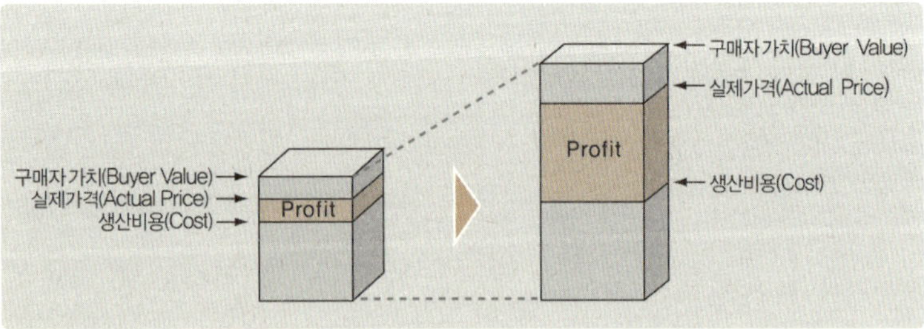

다면, 이를 인지한 고객은 더 높은 가격을 기꺼이 지불하고 구매하게 될 것이고 이로 인해 결국 기업은 더 많은 이익을 얻게 될 것이다. 이렇게 얻게 된 이익은 바로 기업이 창조한 고객가치에 대한 보상으로 주어지는 것이라 할 수 있고, 이 이익은 바로 기업이 지속 가능할 수 있게 해주는 원동력이 되는 것이다.

반면, 기업이 고객을 위해 의미 있는 가치를 창조하지 못한다면,

- 고객의 Needs를 충족시켜 줄 수 있는 Solution, 즉 제품/서비스가 없다는 것이고
- 이는 Solution의 가격 경쟁력과 Brand Power도 없어 사업의 경쟁력이 없다는 것이므로,
- 단기적으로 경영성과가 저하될 것이고,
- 장기적으로는 기업의 전반적 경쟁력과 시장지위(Market Position)의 약화로 이어져 기업은 축소되거나 생존도 어려워 질 수 있다.

그러므로, 기업이 고객을 위한 가치를 창조할 수 없다면 장기적으로 성장은 고사하고 생존도 어려울 수 밖에 없게 된다.

이러한 고객가치 창조의 이론을 실무에 적용할 때, 종종 어려움을 겪는 부분은 바로 기업이 고객가치를 창조했는지 못했는지 또 했다면 어느 정도의 고객가치를 창조했는지를 측정하고 판단/평가하는 것이다. 기업에서 어느 특정제품을 출시하여 그 제품이 고객이 기꺼이 구매하고자 하는 가치를 제공한다면, 그 제품은

가치를 창조한 만큼의 대가로 이익을 가져올 것이다. 그러므로, 제품별 이익 수준(Product-specific or Product Model-specific Profitability)을 어떤 형태로든 지표로 만들어 측정한다면, 어느 제품이 고객에게 의미 있는, 즉 고객을 위한 가치를 얼마나 창조했는지를 판단/평가할 수 있을 것이다. 실무적으로도, 제품별 이익 수준, 즉 금액 단위의 총 이익을 측정하는 것은 어렵지 않다. 제품별 매출에서 변동비를 제외하고 간접비와 고정비를 사업부 내에서 합의할 수 있는 배분 공식에 의해 공통비를 산출하여 빼면, 바로 제품별 총이익을 산출할 수 있어 유용하게 활용할 수 있을 것이다. 이러한 제품별 이익의 관점에서 보더라도, 특정 제품이 고객가치를 창출하지 못한다면 그 제품은 이익을 가져오지 못할 것이므로 시장에서 생존할 수 없다. 마찬가지로, 어느 기업이 고객가치를 창출하는 제품(또는 서비스)을 출시하지 못한다면, 그 기업은 시장에서 성장은 물론 생존도 어려워지는 것은 당연한 이치이다.

그런데, 이러한 고객가치 창조에 관련하여 한 가지 강조하고 싶은 것은 고객가치 창조는 기업이 추구하는 이익을 극대화하려는 목적과 이를 달성하기 위한 활동을 우선적으로 전개해 나가는 기업 중심적인 시각에서 출발하는 경영에서는 나오기 어렵다는 것이다. 고객의 시각에서 고객의 문제나 고충을 해결해 주고자 노력하기보다는 어떻게 하면 돈을 벌고 이익으로 나타나는 재무성과를 극대화할 것인가에만 몰두하는 기업이라면 고객가치를 지속 가능한 형태로 창출해 나가기는 어려울 것이다.

오늘날 많은 기업에서 볼 수 있듯이, 고객이 겪고 있는 불편이나 문제를 충분히 이해하고 이를 해결해 주려는 깊은 고민 없이, 이미 가지고 있는 것 또는 할 수 있는 것 내에서 제품이나 서비스를 만들어 판촉이나 밀어내기 식의 판매를 통해 최대한 돈만을 벌려고 하는 기업은 진정 고객을 위한 가치를 창조하는 기업이 아니다. 실상, 이런 기업들이 출시하는 제품이나 서비스는 고객의 관점에서 깊은 고민을 통해 나온 것이 아니므로 고객들이 원하는 것이 될 수도 없기 때문에 그 기업들이 추구하는 이익을 지속적으로 만들어 나갈 수도 없다. 반면, 시장에서 지속적인 성공을 이루어 온 Apple이 출시한 iPod, iPhone, iPad, iCloud를 생각해보면, Apple은 이러한 제품/서비스를 만들 때 고객들이 겪고 있는 불편/고충을 해결해 주고자 했을 뿐아니라, 매력적인 디자인, 제품색깔, 소재, 기능, 사용자 편리성, Software관련 성능, 제품 포장 등에 있어서도 확실한 차별화를 이루었기 때문에 다른 기업에서 하지 못했던 고객가치를 창조했던 것이다. 무엇보다도 중요한 것은 Apple은 고객의 불편/고충을 고객의 시각에서 철저히 이해하고 고민하면서 이를 해결해 주고자 하는 데서 출발했고, 다른 기업에서는 보기 힘든 집요한 실행으로 고객가치를 창조했다는 것이다. 이러한 고객가치를 창조했기에 고객들은 Apple 제품에 열광했고, 이로 인해 Apple은 시장에서 지속적인 성장을 이루어 전 세계에서 가장 큰 시가 총액을 갖게 된 괄목할 만한 재무적 성과까지 자연스럽게 달성할 수 있게 되었던 것이다.

이러한 Apple의 사례를 통해 분명히 말할 수 있는 것은 기업은 고객가치 창조를 해야만 시장에서 지속 가능한 생존 또는 성장을 할 수 있다는 것이고, 결국 고객가치 창조는 바로 기업의 존재에 대한 기본 명제라 할 수 있는 것이다. 그러므로, 고객가치 창조를 위해서는 기업의 모든 활동 중심에 고객을 두고 기업의 관점이 아닌, 고객의 관점에서 고객의 니즈에 집착하여 생각하고 이를 충족시켜 주기 위해 철저한 실행이 수반되는 고객중심적 경영을 추구해야 한다. 고객중심적 경영(Customer Centricity)을 추진하는 기업은

- 고객을 보고, 듣고
- 고객의 시각에서 생각하여
- 고객을 위해 만들고
- 고객과 확인하고
- 고객에게 알리고
- 고객에게 전달하고
- 고객을 도와주고
- 고객과 끊임없이 소통하는 기업이라 할 수 있다.

회사중심적 기업과 고객중심적 기업 간의 차이를 밑의 그림에서 가시화 해 보았는데, 결국 기업은 장기적으로 생존을 위해서라도 고객중심적 기업으로 전환해야 한다.

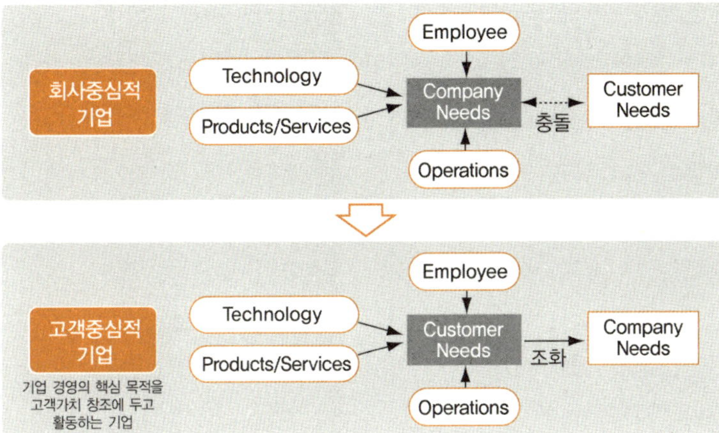

앞에서 언급한 고객중심적 경영은 고객가치 창조를 가능하게 하고 이를 통해 기업의 생존을 지속 가능하게 하므로, 고객중심적 경영은 바로 영속할 수 있는 기업의 조건이라 할 수 있다. 미국의 링컨 대통령은 오래 전에 그의 유명한 Gettysburg연설에서 지구상에서 영원히 멸망하지 않는 정부의 조건을 다음과 같이 정의했다.

> **"... that this nation, under God, shall have a new birth of freedom – and that government of the people, by the people, for the people, shall not perish from the earth."**
>
> **- The Gettysburg Address, Gettysburg, Pennsylvania November 19, 1863**

링컨 대통령이 정의한 영원히 멸망하지 않는 정부의 조건은 다름 아닌 국민의(Of the People), 국민에 의한(By the People),

국민을 위한(For the People) 정부라는 것에 비추어 보면, 영속할 수 있는 기업의 조건도 다르지 않다고 생각한다. 고객의(Of the Customer), 고객에 의한(By the Customer), 고객을 위한(For the Customer) 기업은 지구상에서 영원히 멸망하지 않는 기업이 될 것이라고 확신한다.

> **"Company of the customer, by the customer, for the customer, shall not perish from the earth."**

- 최정환의 "과학적 경영을 위한 CRM (2005)"에서 -

(2) 고객가치 창조가 한국기업에게 중요한 이유

한국기업의 성장과정을 돌이켜 보면, 과거에 한국기업들은 생존에 대한 절박함을 가지고 앞선 외국기업들이 이미 안정화된 시장에서 팔고 있는 제품에 대한 기술과 사업 Know-how를 빨리 받아 들이고자 그들로부터 배우고 습득한 후 밤낮없이 노력하여 품질은 다소 낮더라도 가격대비 가치 있는 저렴한 Me-too 제품을 생산/판매하여 성장해왔다. 다시 말하면, 후발주자로서 한국기업의 핵심 성장전략 중의 하나는 바로 다름아닌 Fast Follower Strategy였던 것이다.

그런데, 수십년동안 이렇게 앞선 기업들로부터 배우고 열심히 쫓아가며 성장해온 한국기업들은 어느덧 자신들도 모르는 사이에 세탁기를 비롯한 가전, LCD, 조선, 휴대폰, 자동차 등 여러 업종의 글로벌 시장에서 판매량 또는 시장 점유율에서 괄목할만한 약진으로 선두그룹에 속하게 되어 과거와는 달리 오히려 새로이 부상하고 있는 후발 업체들에게 쫓기는 상황으로 반전되었다. 과거에는 앞을 보며 남들만 쫓아가면 되었는데, 이제는 배울 또는 쫓아갈 대상이 별반 없어 스스로 새로운 것을 만들어 내고 새로운 시장을 창출해나가야 하는 상황에 놓이게 되었다. 더욱이, 기술의 보편화는 빠르게 진행되어 기술에 기반한 차별화는 갈수록 어려워지고 있는 가운데, 한국기업들보다 원가 경쟁력에서 우위를 점하고 있는 중국을 비롯한 개발도상국들의 제조업체들은 과거 한국기업들이 취한 동일한 Fast Follower Strategy를 택하면서 새로운 경쟁상대로 등장하게 되어, 과거에 한국기업들의 강점이었던 비용절감, 생산성/생산효율 제고, 품질제고 등 현업에서 운영상의 강점(Operational Excellence)은 더 이상 큰 차이를 만들어 내지 못하게 되었다. 이렇게 상대적으로 원가경쟁력이 취약해진 한국기업들에게는 그 동안 그들의 성장 공식이었던 Fast Follower Strategy는 더 이상 가능하지도 유효하지도 않은 전략이 되어버렸다. 따라서, 한국기업들은 뚜렷이 차별화될 수 있는 새로운 고객가치를 창조하여 시장을 선도해 나가지 못한다면, 향후 성장은 차치하고 생존 조차도 어려운 상황에 직면하게 될 수도 있는 것이다. 그런데, 차별화된 고객가치를 새로이 만들어 제공한다는 것은 한국기업들이 과거에 많이 했던 것과 같이 외국기업이나 경쟁사들을 Benchmarking해서 할 수 있게 되는 것이 아니므로, 한국기업들은 낯선 도전에 당면하고 있는 셈이다.

또한, 한국기업의 직원들은 한 방향이라는 조직 문화 아래 같은 생각으로 그저 주어진 일만 열심히 반복적으로 해왔으므로 이에 익숙한데, 이와 달리 고객가치 창조란 생소한 일을 시도하면서 경쟁사와는 다른 새로운 길을 개척하고 만들어 나가야 하는 기로에 서있는 것이다. 더욱이, 과거 성장을 통해 얻은 성과가 분배되어 어느 정도 물질적인 풍요를 누릴 수 있게 되었고 이로 인해 과거에는 당연하게 여겼던 일이 삶보다 늘 우선이라는 의식에서 일과 삶의 균형이라는 변화가 대세가 되어 성장과정에서 한국기업들이 가졌던 Hungry Spirit은 자연스럽게 둔화되어 왔고, 동시에 도전 정신도 점진적으로 약화되어 가는 현상이 나타나게 되었다.

한편, 시장에서는 남들이 모방할 수 없는 고객가치를 창조하는 기업들이 나타나면서 시장 경쟁의 규칙도 커다란 변화가 나타나게 되었다. 과거에는 시장에서 다수의 기업들이 경쟁하면서 공존하는 것이 가능했는데, 오늘날의 시장에서는 새로운 고객가치, 특히 경쟁사들을 뛰어 넘는 독보적인 고객가치가 나타나게 되면 기존 제품들을 압도할 정도로 대체가 이루어져 승자독식의 경쟁구도로 바뀌어 가는 모습도 종종 관찰되고 있다. 그러므로, 이렇게 내/외부로부터의 변화를 맞이하고 있는 한국기업들에게 고객가치 창조는 이제 단순한 선택이 아니라는 것은 분명해 보인다. 오히려, 고객가치 창조는 그 동안 외국의 앞선 선진기업들을 쫓아온 한국기업들이 그들의 미래를 위해 반드시 해 나가야 할 필수일 뿐 아니라, 무엇보다도 최우선 되어야 하는 핵심 요건이라 해도 절대 지나치지 않을 것이다.

2 고객가치 창조의 프레임워크(Framework)

기업이 추구하는 고객가치 창조는 고객의 구매 의사결정과 어떠한 관련이 있고 또 어떻게 영향을 미치는가? 먼저, 고객의 구매 의사결정을 살펴보면, 고객의 구매 의사결정은 구매부등식(Purchase Inequality)에 의해 결정된다. 다시 말하면, 고객은 자사 제품의 가격대비 (주관적으로 인지한) 가치가 경쟁사 제품의 가격 대비 가치보다 크다고 판단할 때 고객은 자사 제품을 구매한다. (또는 자사 제품과 경쟁사 제품간의 가치 차이가 가격차이보다 크다고 판단할 때 고객은 자사 제품을 구매한다.) 이를 간단히 정리해 보면 다음과 같이 표현할 수 있다.

$$\text{고객의 구매부등식 : } \frac{\text{자사 제품의 가치}}{\text{가격}} \geq \frac{\text{경쟁사 제품의 가치}}{\text{가격}}$$

고객들의 구매 의사결정은 위와 같이 가격대비 가치에 의해 결정되므로, 기업은 자사 제품을 고객이 선택하게 하기 위해서는 경쟁사 제품보다 가격대비 가치가 높게 만들어야 한다. 이를 위해서는 제품의 가치를 주도하는 가치 인자(Value Driver)들을 밝혀내고 이러한 가치 인자들을 강화하거나 개선하여 새로운 고객가치를 만들어 내면, 이는 결과적으로 제품의 전반적인 가치를 높이게 될 것이다. 이때 경쟁사 제품의 가격대비 가치에는 큰 변화가 없다면, 자사 제품의 가격대비 가치는 경쟁사 제품대비 높아지게 되어 고객은 자사 제품을 선택하여 구매하게 될 것이다.

이 구매를 하는 고객이 자사로부터 처음 구매를 하게 되는 경우에는 신규고객획득이 되고 기존고객이 다시 구매하게 되는 경우에는 기존고객 유지가 되어, 이 둘은 결국 재무성과로 나타나게 된다. 이렇게 고객가치 창조는 자사 제품의 가격대비 가치를 높여 고객이 자사 제품을 구매하게 하고 이를 통해 경영성과를 높이게 되는 것이다. 이것이 바로 고객가치 창조의 프레임워크(Framework) 또는 실행원리라고 할 수 있는데, 이를 밑의 그림에서 가시화해 보았다.

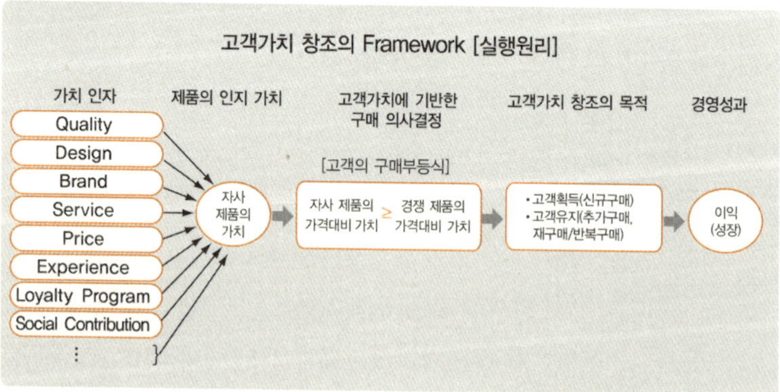

- 고객가치 창조의 프레임워크(Framework)를 정리해 보면,

  - 기업이 제공하는 제품(또는 서비스를 포함하여 기업이 제공하는 모든 것)을 구성하는 가치 인자(Value Driver)를 통해 고객이 인지하는 제품의 가격대비 가치를 높여야만, 그 제품이 구매를 위한 고객의 선택을 받을 수 있다.
  - 고객의 구매가 신규구매이면 고객획득(Acquisition)이 되고, 추가구매 또는 재구매/반복구매가 되면 고객유지(Retention)가 되는데, 이것이 기업의 관점에서 보면 고객가치 창조의 목적이라 할 수 있다.
  - 이렇게 고객을 위해 의미 있는 가치가 창조되면 시장에서 이에 대한 보상으로 얻게 되는 이익(또는 장기적인 면에서는 성장)이라는 재무적 경영성과는 당연히 동반되는 사후적인 결과가 된다.

- 자사 제품의 가격대비 가치는 제품 가치의 변화 없이 가격을 낮출 때, 가격을 바꾸지 않고 제품 가치를 높일 때, 또는 가격 증가보다 제품 가치의 증가가 더 클 때 높아질 수 있다. 그러나, 가격만의 변화를 통한 가격대비 가치의 변화는 차별화 없는 가격경쟁만을 초래할 수 있으므로, 기업이 추구해야 하는 진정한 제품의 가격대비 가치 제고는 기본적으로 그 제품의 가치 제고를 통해서 이루어 져야 한다.

- 제품의 가치를 높이기 위해서는 가치를 구성하는 인자, 즉 가치 인자(Value Driver)를 정확히 밝혀내어, 기존의 가치 인자의 수준을 높이거나 아니면 기존에 없던 새로운 가치 인자를 추가해야 한다.

3 고객가치 창조의 두 가지 구성 요소

앞에서 소개한 고객가치 창조 사례들의 공통점을 다시 한 번 상기해 보면, 기업에서 창조적 사고활동을 통해 기존에 없던 새로운 고객가치에 대한 독창적인 아이디어를 발현하는 창의[1](創意, Creative Thinking)와 이를 시장에서 고객이 구매하는 가치로 구현해 내는 실행으로 가시적인 성과를 창출했다는 것이다. 다시 말하면, 창의 그리고 실행이 고객가치 창조의 두 가지 핵심 구성요소가 된다.

(1) 고객가치 창조의 첫 단추인 창의

창의란 이전에 알려지지 않았거나 독창적인 아이디어를 산출해 내는 사고 방식이라 할 수 있는데, 때론 독창적인 아이디어

1 여기에서 언급하는 창의(創意)는 물론 이 책 전체에서 언급하는 창의는 반드시 고객가치 창조의 맥락에서 사용되고 있다는 것을 미리 밝혀두고자 한다.

그 자체를 의미하기도 한다. 그리고 자주 언급되는 창의성(Creativity)이란 새로운 것을 생각해내는 성질 또는 특성이라 할 수 있고, 창의력(Creative Ability/Power)은 이러한 창조적 사고를 할 수 있는 능력이라 할 수 있다. 좀더 구체적으로, 기업에서 추구하는 고객가치 창조를 위한 창의란 고객의 문제를 발견하고 이를 해결하기 위해 창의적으로 생각하는 방식 또는 발현된 창의적 생각 또는 아이디어라고 할 수 있다. 그런데 기업에게 창의가 중요한 이유는 창의는 기업이 추구하는 고객가치 창조의 결과를 결정하는 첫 단추가 되기 때문이다. 창의라는 첫 단추가 잘 못 끼워지면 아무리 실행이 잘 된다고 해도 고객이 구매하는 가치를 창조할 수 없게 된다.

그런데, 기업 경영의 관점에서 창의를 생각해 보면, 창조적 사고를 통해 얻게 되는 창의적 아이디어가 진정 의미 있는 것이 되기 위해서는 다음과 같은 조건이 충족되어야 한다.

고객가치 창조를 위한 창의적 아이디어란

- 차별화될 수 있는 독창성이 있어야 하고,
- 유용해서 고객에게 가치를 주는 것이어야 하고,
- 실제로 실행/적용/구현할 수 있어야 하고,
- 궁극적으로, 가시적인 성과로 이어질 수 있는 것이어야 한다.

그리고 고객가치 창조를 위한 창의적 아이디어는 일반적으로 고객의 내면이나 보이지 않는 부분을 밝혀냄으로써 얻게 되는 정보나 지식, 즉 Customer Insight를 필요로 한다. 사람은 겉으로 보이는 것만 인식하고 생각하는 경향이 강하다. 이는 어쩌면 육체를 지닌 사람이 사물을 인식하고 사고할 때 에너지 사용을 최소화하려는 동물적 본능에서 나오는 자연스러운 반응인지도 모르겠다. 그러나, 고객가치를 위한 창의적 아이디어를 얻기 위해서는 이러한 인간의 동물적 본능을 통제하면서 보이는 부분은 세밀히 관찰하고 (밑의 그림에서와 같이) 보이지 않는 부분까지 상상할 수 있어야 한다. 이러한 과정을 거쳐 독창적인 아이디어를 발현해 내는 창의 없이는 고객가치 창조란 시작될 수도 없기 때문에 창의는 바로 고객가치 창조의 첫 단추인 출발점이라 할 수 있다. 그러므로 고객가치 창조를 위해 기업에게 없어서는 안 될 필수적인 것이 바로 창의이고, 이는 또한 고객가치 창조를 위한 핵심 역량이라 하겠다.

(2) 고객가치 창조의 완성을 가능하게 하는 실행

기업에서 고객가치 창조를 위해 발현된 창의적 아이디어는 그 자체만으로는 의미 있는 산출물이 되지 못한다. 아무리 좋은 독창적인 아이디어를 냈다 하더라도 실제 제품 또는 서비스로 구현되지 못한다면 고객에게는 아무런 가치를 줄 수 없어 의미

없는 일로 끝날 수 밖에 없다. 이와 같이 기업에서 추구하는 고객 가치 창조는 가시화된 성과로 연결될 수 있는 실제 구현활동인 실행이 동반되지 않는다면 독창적 아이디어만으론 완성될 수 없는 것이다. 실상, 창의적 아이디어를 냈다는 사람이나 기업은 많지만, 이를 실행으로 옮겨 고객이 수용하는 가치를 완성해서 시장에서 가시적인 성과를 낸 사람/기업은 많지 않다는 것은 이미 잘려진 사실이다.

밑의 그림에서 보는 반지 모양의 휴대폰의 경우에는 제품의 기본 컨셉(Concept)이 이미 몇 년 전에 발표되었고, 당시 기존의 제품과는 전혀 다른 독창적인 아이디어가 돋보이는 디자인이라고 언론들은 전했지만 (팝뉴스 인용), 아직 가시화된 제품으로 출시된 것을 보지 못했다. 이렇게, 아이디어 차원에서 새로운 제품이나 서비스에 대해 수 많은 아이디어가 제시될 수 있지만, 막싱 구현을 위한 실행단계에서는 예상치 못한 어려움이 적지 않게 나타날 수 있기에 실제로 완성되는 것은 극소수에 불과하다. 이러한 어려움을 극복하고 집요한 실행을 통해 발현된 창의적 아이디어를 끝까지 구현한다는 것은 진정 쉽지 않은 작업임에 틀림없다. 또한, 많은 사람 또는 기업이 동일한 아이디어를 가지고 있다 하더라도, 이에 대해 어떠한 실행을 하

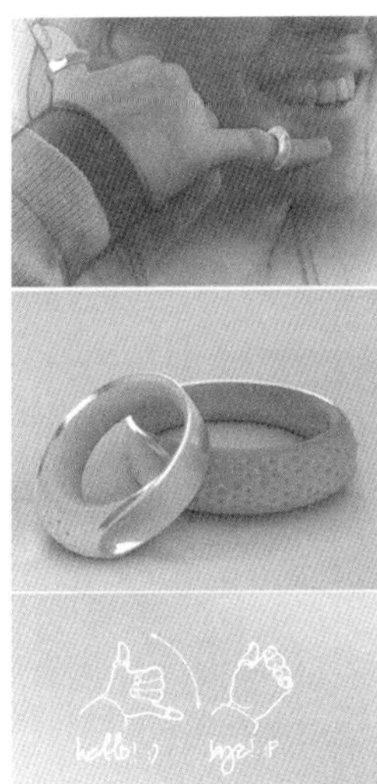

느냐에 따라 시장에서 고객이 구매하는 제품 또는 서비스의 가치에서 차이가 나게 되는 것이다. 그러므로 고객가치 창조의 성공적인 완성을 위해서 기업은 창의로 발현된 독창적 아이디어를 실제로 구현할 수 있는 (조직의) 실행 역량도 반드시 갖추어야 한다.

요약과 메시지

- 고객가치 창조(Customer Value Creation)란 고객이 구매/사용하고자 하는 가치를 새로이 만들어 제공하는 기업의 활동이라 할 수 있다.
- 새로운 고객가치를 지속적으로 창조해야만 기업은 생존이나 성장을 지속할 수 있으므로 고객가치 창조는 기업의 존재에 대한 기본 명제라 할 수 있다.
- 영속할 수 있는 기업의 조건은 고객의, 고객에 의한, 고객을 위한 기업, 즉 고객중심적 경영을 올바로 하는 기업이 되는 것이다.
- 고객가치 창조는 그 동안 외국의 앞선 선진기업들을 쫓아 성장해 온 한국기업들이 그들의 미래를 위해 반드시 해야 될 필수적인 것일 뿐 아니라, 무엇보다도 가장 우선시되어야 하는 핵심 요건이다.
- 고객의 구매 의사결정은 구매부등식(Purchase Inequality)에 의해, 즉 자사 제품의 가격대비 가치가 경쟁사 제품의 가격 대비 가치보다 크다고 판단할 때 고객은 자사 제품을 구매한다.

- 기업이 제공하는 제품(또는 서비스를 포함하여 기업이 제공하는 모

든 것)을 구성하는 가치 인자(Value Driver)를 통해 고객이 인지하는 제품의 가격대비 가치를 높여야만, 구매를 위한 고객의 선택을 받을 수 있다.

- 창의는 고객가치 창조를 위한 첫 단추이며, 고객가치 창조를 위해 갖추어야 할 기업의 핵심 역량이다.
- 고객가치 창조의 성공적인 완성을 위해서는 창의로 발현된 아이디어를 고객이 구매하는 가치로 구현해 내는 실행이 필수적이므로 (조직의) 실행 역량은 반드시 갖추어야 하는 또 하나의 요건이다.

Ⅱ 고객가치 창조의 첫 단추인 창의에 대한 이해

Ⅱ

고객가치 창조의 첫 단추인 창의에 대한 이해

창의에 관한 많은 질문들

그 동안 필자는 현업에서 실무자들과 함께 일하면서 그들이 가지고 있는 창의에 대한 질문들을 다양한 채널을 통해 수집하여 정리해 보았다. 수집된 질문 중의 일부를 나열해보면 다음과 같다.

- 왜 독창적 아이디어를 내는 창의는 어려운가?
- 창의적 아이디어를 얻기 위해서는 창의적 사람을 뽑아야 하는 것 아닌가요?
- 한국의 주입식 교육제도가 창의성에 부정적인 영향을 미치지 않았을까요?
- 창의성이 있는 사람/창의적인 사람들의 특성은 어떤 것인가?
- 창의는 어떻게(How) 그리고 어떤 형태(In What Form)로 나타나는가?
- 고객가치 창조를 위한 창의, 즉 독창적 아이디어의 요건은 무엇인가?
- 어느 학자가 주장하는데, 창조적 사고를 위해서는 세 가지, 즉

전문 지식, 창조적 사고 역량, 그리고 열정이 필요하다고 하던데, 좀 더 구체적으로 이 세 가지는 무엇이며, 또 왜 세 가지인가요?

- 개인이 창의적으로 되기 위해서 필요한 역량은 어떤 것인가요?
- 저 같은 보통사람도 창의적인 사람이 될 수 있나요?
- 창의적인 사람이 되기 위해서는 무엇을 해야 되나요?
- 훈련과 노력에 의해 개인의 창의성을 향상시킬 수 있나요?
- 창의적인 조직을 만들기 위해 어디서부터 어떻게 시작하고 무엇을 어떻게 해야 되나요?
- 창의성 향상을 위해 어떤 조직 문화를 구축해야 하나요?
- 조직의 창의성을 높이기 위해 필요한 것은 어떤 것들인가요?
- 아무리 좋은 아이디어가 나와도 실행으로 연결되지 못하면 아무런 의미가 없지 않나요?
- 과거에 많은 기업에서 아이디어 도출을 활성화하기 위해 제안제도라는 것을 시행했는데 그 효과가 미진했습니다. 이러한 제안제도가 잘 안 되는 원인은 어디에 있나요?
- 창의를 위해서는 하는 업무가 놀이가 되어야 한다고 하는데 이는 무슨 말인가요? 그리고 어떻게 하면 그렇게 될 수 있나요?
- 조직원들의 창조적 사고가 잘 안 되는 이유는 무엇인가요?
- 조직에서 독창적 아이디어는 가끔 나오는데 실제로 시장에 나오는 경우가 적은데, 이는 무엇이 문제인가요?
- 창의성이라는 것은 탄생되는 것 아닙니까? 창의성도 계발될 수 있습니까?
- 구글처럼 업무 내 시간을 별도로 할당하여 창조적 아이디어를 내는 활동을 각자가 진행할 수 있는 제도적 장치를 만들 수 없는가요?

- 창의적인 생각을 할 수 있는 특별한 방법이 있습니까?
- 창의적이라는 기준은 어떤 것입니까?
- 창조적 아이디어의 검증 방법은 어떠한 것이 있나요?
- 창의적 혁신을 위해 치러야 할 비용을 기업이 기꺼이 감당하려고 하는가?
- 창조적 사고는 왜 잘 안 되는가?
- 창조적 사고는 어떻게 시작해야 하나요?
- 창의적인 사고를 위해 무슨 음식이 좋은가요?
- 창의적인 사고는 지속적인 훈련을 통해 가능하다고 하던데 구체적인 훈련 방법은 어떠한 것이 있나요?
- …

앞에 나열된 창의에 대한 질문들을 보면, 실로 많은 사람들이 창의에 대해 깊은 관심과 의문을 가지고 있음을 발견할 수 있고, 오늘날 개인 차원에서든 조직 차원에서든 창의의 중요성에 대한 공감대가 넓게 형성되어 있는 것 같다. 또한, 창의를 깊이 이해하고, 실제로 창의적 아이디어를 내고 이를 구현한다는 것은 절대로 쉬운 일이 아니라는 것도 많은 사람이 인지하고 있는 것 같아 보인다. 그 동안 다양한 분야에서 여러 계층의 사람들이 가지고 있는 창의에 대한 질문을 수집한 후 살펴보니, 다음과 같이 크게 세 가지로 분류할 수 있었다.

- 창의의 본원적 특성에 대한 질문들
- 개인의 창의와 관련된 질문들

● 기업의 조직차원에서 창의 발현에 관한 질문들

따라서, 이 책에서는 위의 세 가지 분류에 따라 하나씩 순차적으로 논의해보고자 한다.

앞에서 논의 했듯이, 성공적인 고객가치 창조란 고객이 기꺼이 수용하고자 하는 새로운 가치에 대한 독창적인 아이디어를 발현한 창의와 이를 실제로 구현해낸 실행의 결과라 할 수 있다. 이 두 가지 중에서 어느 하나가 결핍되어도 의미 있는 고객가치 창조는 가능하지 않다는 것은 쉽게 인식할 수 있다. 그런데, Fast Follower로 성장해 온 한국기업은 창의에 대한 경험이 별반 없기 때문에 창의에 대한 깊은 이해와 지식이 부족하여 고객가치 창조의 과정에서 실행 보다 오히려 창의에 더욱 취약할 수 있다. 그러므로, 고객가치 창조를 추구하는 한국기업이 가장 먼저 해야 하는 것은 바로 창의에 대해 올바로 이해하는 일이다. 이는 창의적인 아이디어를 태동시키는 창의가 발현된 그 아이디어를 실제로 구현하여 가시적인 성과를 내는 실행보다 더 중요해서라기보다는, 실행이 창의보다 선행될 수는 없기 때문이다. 따라서, 이 책에서는 고객가치 창조 과정의 출발점이 되는 창의를 먼저 논의하고자 한다.

1 고객가치 창조를 위한 창의의 본원적 특성

여기서는 기업이 추구하는 고객가치 창조의 맥락에서 창의가 시작되는 시점에서, 창의라는 정신적 활동이 전개 되는 단계, 그리고 창의로 얻어지는 결과물이 나온 사후 시점까지의 전체 과정에 걸쳐 창의의 본원적 특성을 살펴보고자 한다.

무엇보다도 먼저, 고객가치 창조의 관점에서 보면, 기업이 창조하고자 하는 고객가치라는 결과물은 기업 내부에서 향유하기 위한 것이라기 보다는 기업이 외부의 목표 고객들에게 제공하기 위한 것이므로, 창의 발현은 대상이 되는 고객들과의 상호작용(Interaction)과 깊은 연관성이 있다. 다시 말하면, 시장에서 고객들이 창의의 결과물을 수용하여 선택/구매한다는 것이 고객가치 창조를 위한 창의의 전제가 되고 동시에 최종 지향점이 되어야 한다. 그러므로, 고객의 니즈(Needs)를 충족시켜 주기 위한 창의적인 아이디어는 반드시 고객에게 유용한 가치를 제공해주는 합목적성이 있어야 한다. 다른 시각에서 생각해 보면, 창의가 또는 창의로 얻어지는 결과물이 고객에게 유용하고 합목적성이 있어야 한다는 것은 고객가치 창조 그 자체가 본원적으로 사회적인 특성을 가지고 있다는 것을 의미한다. 창의가 구현된 여러 가지 산출물을 보면, 모든 경우 거의 예외 없이 글, 그림, 이미지, 수식, 소리 또는 동영상 등으로 표현되어 있는데, 이는 창의에 있어서 언어적, 문화적, 사회적 요소가 매우 중요하다는 것을 말해주고 있다고 하겠다. 그렇기에, 창의에 기반하여 결과물이 만들어지는 전체의 과정에서 창의를 발현하는 사람의 개인적 특성, 창의가 발현되는 조직 내에서 구성원들간의 상호작용, 기업간의 경쟁, 그리고 고객과의 상호작용 등은 창의에 많은 영향을 미치고 있다고 하겠다.

또한, 기업에서 추구하는 고객가치 창조를 위한 창의는 무엇보다도 고객들이 현재 겪고 있는 불편/고통 또는 문제를 해결해 주기 위한 것이라 할 수 있다. 다시 말하면, 미래에 느끼게 될 고객들의 불편/고통 또는 문제를 해결하고자 하는 것 보다는 현재의 불편/고통 또는 문제를 해결하고자 하는데 초점이 놓여져 있다는 것이다. 이는 고객가치 창조를 위한 창의란 현재를 떠나서는 그 의미가 축소될 수 밖에 없으므로 창의는 현실을 인식하고 지금 고객이 겪고 있는 어려움을 해결하는 현재의 연장선에서 이루어져야 의미가 있는 것이다.

한편, 사람의 생각은 생각이 머무르는 육체와 육체가 둘러싸인 환경과도 무관하지 않다. 사람의 생각은 논리가 필요한 이성적인 정신활동이라 할 수 있지만, 자신의 내적인 감정은 물론 외적인 환경을 포함한 많은 요소들에 의해 영향을 받는다. 창의적인 아이디어의 착상은 뇌[2] 만의 작용에 의한 것이 아니라, 뇌가 통제하기 어렵거나 못 하는 육체의 내부적인 감성적/생리적 요소,

2 의학적인 설명에 따르면, 뇌는 중추 신경계통 가운데 머리뼈 안에 있는 부분으로, 대뇌, 사이뇌, 소뇌, 중간뇌, 다리뇌, 숨뇌로 나뉘고, 근육의 운동을 조절하고 감각을 인식하며, 말하고 기억하며, 생각하고 감정을 일으키는 일을 담당한다고 한다.

그리고 물리적으로 접하고 있는 외부적인 환경 요소 등에 의해서도 영향을 받는다. 실상, 사람들은 창의적 아이디어를 찾기 위해 한 동안 집중적으로 생각해 보아도 좋은 아이디어가 떠오르지 않을 때가 많다. 이럴 때는 체력적으로도 지쳐 있을 뿐 아니라 심리적 또는 감정적 침체를 겪을 수 있는데, 이런 상황에서는 창의적 아이디어를 얻기가 어려워질 수 있다. 창의적 아이디어를 오랜 기간 얻지 못할 때 이를 극복하기 위해 사람들은 종종 그때까지 생각하던 곳을 떠나 여행을 하기도 하여 이전과는 다른 환경을 접해 새로운 생각의 단초를 얻으려는 시도를 하기도 한다. 또한 창의적 아이디어의 발현 가능성은 절박한 상황을 인식하고 이에 대해 강렬한 목적의식을 가질 때 또는 다루는 일에 대한 재미를 느껴 하고 싶은 열정이 생길 때 더욱 높아 진다. 이렇게, 창조적 사고 과정에서 사람의 심리나 감정은 물론 환경적 여건과 상황적 요소도 창의적 아이디어 발현에 작지 않은 영향을 미치고 있다는 것을 알 수 있다. 결국, 창의적인 생각이란 뇌만의 산물이 절대 아니다.

창의에 대한 또 한 가지 특성을 생각해보면, 고객가치 창조의 원동력이 되는 창의는 주로 정신적 사고 활동의 결과라고 할 수 있다. 그런데, 독창적인 아이디어가 떠오를 때까지 사람은 상당 기간 집중적인 사고를 하게 되는데 이러한 정신적 활동은 의식의 범위를 넘어 무의식 또는 잠재의식 속에서도 진행되기도 한다. 육체적으로 수면을 취하고 있는 상태에서도 사람의 뇌는 활동을 한다고 한다. 어떤 사람들이 찾고 있었던 아이디어에 대한 암시나

단초를 꿈에서 얻었다고 하는 이야기를 주위에서 종종 듣는데, 이는 그들의 집중적인 사고가 무의식이나 잠재의식까지 연결되어 지속되었다는 것을 말해주고 있다고 하겠다. 이렇게, 집중적인 사고를 요하는 창의는 사람의 의식과 무의식의 세계에 걸쳐 진행되는 뇌의 활동으로 이 두 영역에서 진행된 활동이 결합되어 나타난 산출물이라고 할 수 있다. 특히, 창조적 사고과정에서 중요한 요소가 되는 무의식/잠재의식은 의사결정, 문제 해결 등에서도 중요한 역할을 하는 것으로 알려져 있다.

또한 어떤 일에 있어서든 아이디어의 발현은 어느 순간 (A Moment of Sudden Idea) 갑자기 나타난다. 이렇게, 창의적 아이디어도 자신도 모르는 사이에 순간적으로 우연히 떠오르는 특성을 가지고 있기에, 예측이 불가능하다. '아하'라는 감탄사와 함께 아이디어가 떠오른다는 말이 일상에서 흔히 쓰인다. 이렇게 뇌의 활동으로 나타나는 창의적 아이디어는 조금씩 서서히 생겨나 뚜렷해지는 것이 아니라 사람이 어느 순간 갑자기 의식하게 되는 것이다. 사람에게는 과거의 관찰과 경험을 통해 함께 연상되는 많은 것들이 기억 속에 이미 내재되어 있다. 그러나 사람의 정신적 활동을 담당하는 뇌는 이러한 모든 것을 늘 기억하여 의식화하고 있지는 못하다. 알려진 바로는, 뇌의 활동 중에 의식화되는 부분은 단지 5% 정도라고 한다. 이는 나머지 95%는 의식화되지 않아 무의식 또는 잠재의식 속에 묻혀 있게 된다는 것이고, 이렇게 묻혀 있던 것들은 새로운 자극을 받거나 또는 자극이 바뀌는 순간 의식하게 된다는 것이다. 그러므로, 사람이 어떤 것을 생각할 때 생각을 담당하는 뇌에 어느 특정 시점에서 적절한 자극이 주어지고 이로 인해 순간적으로 무의식 속에 묻혀 있던 것들과 새로운 연결이 만들어 지는 순간 이러한 새로운 연결이 창의적 아이디어로 나타나곤 한다는 것이다. 이렇게 새로운 생각은 의식과 무의식의 영역을 오가며 어느 순간 갑자기 떠오르기 때문에 창의는 본원적으로 미리 알기도 어려워 의식적으로 직접 통제하거나 계획할 수 있는 것이 아니기에 근본적으로 어렵다는 본원적인 특성을 가지고 있다.

앞에서 논의했듯이, 창의란 예측에 기반하여 계획할 수 있는 것이 아니므로 창의의 과정이 겉으로는 막연하고 무질서하게 보일 수 있고, 이러한 무질서의 혼돈 속에서 정리된 무엇인가가 나타날 때까지 기다려야 하는 적극적인 인내심이 필요하기에 쉽지 않은 것이다. 갑자기 나타나는 창의의 순간은 인간의 정신적 사고 과정에서 언어적 요소, 그림/사진 또는 이미지 관련 요소, 그리고 뇌의 통제 밖의 요소들의 역할이 너무도 크기 때문에 이론적으로 설명하기가 어렵고 예측도 거의 불가능하다. 이는 또한 독창적 아이디어의 발현은 뇌의 통제를 받아 진행되는 몰입(Immersion/Engagement) 또는 집중만 가지고는 어렵거나 잘 안 될 수도 있다는 것을 시사하기도 한다. 더욱이, 기업의 관점에서는 어떻게 하면 조직 내에서 창의를 향상시킬 수 있는가에 대한 연구도 많지 않아 실상, 창의는 미지의 영역이나 다름없어 실제로 고객의 문제를 해결할 새로운 아이디어를 발현해 낸다는 것은 절대로 쉬운 일이 아니다. 날로 심화되어 가는 시장 경쟁을 접하고 있는 기업들은 고객가치 창조를 위해 많은 노력을 하고 있지만, 수많은 기업들이 시장에서 고객이 선택하는 고객가치를 만들어 내지 못해 이미 사라졌고, 현재에도 이 때문에 생존의 위기를 맞고 있는 기업들도 많이 있다. 이는 그만큼 고객가치 창조의 핵심 역량이 되는 창의가 어렵다는 것을 말해준다고 하겠다. 이렇게 창의란 아무나 쉽게 할 수 있는 것이 아니기에 기업의 창의 역량이 바로 기업간의 차이를 가져오는 전략적 차별화 수단이라고 하겠다.

2 창의적 아이디어를 얻기 위한 창의 발현 활동의 전체 과정

고객가치 창조를 위한 창의적 아이디어는 어떠한 창의 발현 활동 과정을 거쳐 얻게 되는가? 일정 기간 동안 지속되어 온 사고 활동 후에 아이디어는 어느 순간 갑자기 생겨나므로, 창의적인 아이디어를 발현하는 창의 활동은 겉으로는 활동의 순서나 질서가 없고 우연적인 과정같이 보일 수 있다. 그러나, 고객가치 창조를 위한 창의란 아무것도 없이 아무런 과정도 거치지 않고 저절로 만들어 지는 것이 절대로 아니다. 창의라는 정신적 사고 활동의 산출물(Output)이 되는 독창적인 아이디어가 발현되기 위해서는 이를 위해 사전에 투입물(Input)이 있어야 하고, 이를 활용하는 정신적 활동이 진행되는 과정이 있어야 한다는 것이다. 창의적 아이디어의 태동을 생각해 보면, 창조적 사고를 위한 투입물을 수집하고 내재화하는 사전 준비 활동이 있어야 하고 그리고 투입물을 활용하여 전개되는 정신적 사고 활동이 순환적으로 반복되어 오다가 창의적인 아이디어는 어느 순간 갑자기 떠오르게 된다. 그리고 이렇게 떠오른 아이디어의 초기 모습은 많은 경우 어설프고 구체성이나 완성도가 낮아 즉각적인 적용이 어려워 주위의 Feedback을 얻고 추가적 사고 활동으로 다듬고 개선함으로써 완성도를 높여 나가는 작업이 뒤따르곤 한다. 다시 말하면, 창의라는 산출물은 이를 위해 투입물을 수집하고 처리하는 활동이 필요하고, 초기 아이디어라는 중간 산출물(Throughput)을 생성한 후, 이를 다듬는 일련의 활동으로 구성된 과정을 통해 얻어지는 것이라 할 수 있다.

앞에서 기술한 창의적인 아이디어를 얻는 창의 활동의 전체 과정에 대한 필자의 생각은 실상 대부분의 창의 활동에서 관찰될 뿐 아니라, 이론적으로도 Graham Wallas (The Art of Thought, 1926)의 주장과도 부합된다. Wallas의 이론적 설명을 보면, 그는 다음과 같이 4 단계의 활동을 거쳐 창의가 발아된다고 설명하고 있다.

i) Preparation,
ii) Incubation,
iii) Illumination.
iv) Verification

물론, 이렇게 창의 발현 과정을 4 단계로 나누고 있는 Wallas의 이론은 절대적이고 유일한 단계화라기보다는 설명의 편리나 이론의 단순화를 위한 것이라고 할 수 있고, 경우에 따라 단계화하는 방법은 얼마든지 달라질 수 있다고 생각한다. 또 한 가지 언급하고 싶은 것은 위에서 제시된 창의 활동의 전체 과정을 구성하는 4 가지 단계는 늘 한 방향으로만 전개되는 선형적인 것이라기보다는 앞의 단계들과 반복적으로 순환하는 쌍방향적인 상호작용이 일어나는 비선형적인 경우가 오히려 일반적이라 할 수 있다. 번쩍이는 전광석화같이 생겨나는 창의적 아이디어의 초기 모습은 다듬어 지지는 않았지만 새로운 생각의 시작을 가능하게 하는 수준에서 나타나는 경우가 많다. 그러므로, 창의적 아이디어의 발현은 대부분의 경우 창의적 아이디어가 완성될 때까지 초기의 아이디어에 추가적인 투입물로 살이 붙여지고 다듬어져 완성도가 높아지는 과정이 순환적으로 여러 차례에 걸쳐 반복적으로 이루어 진다. 따라서, Wallas의 이론적 설명은 많은 부분 공감할 수 있지만, 어떠한 시각에서 창의 활동 전체를 바라보느냐에 따라 이론적 주장이 달라질 수 있으므로 그가 제시한 4단계의 창의 발아 활동 과정이 절대적 기준이라 하기는 어려울 것이다.

이 책에서는 Wallas의 이론과는 다소 다른 대체적 설명과 창의 발현 단계를 제시해 보고자 한다. 이를 위해 일상에서 관찰되는 하나의 이야기를 통해 창의 발현 활동의 전체 과정을 살펴보기로 한다.

'할 수 있다는 자기확신 없이는 절대 할 수 없어!'

어릴 때부터 호기심도 많고 Engineering기질이 많아 공과대학에서 기계공학을 전공했던 윤동현 씨는 현재 한국전자의 유성 R&D 연구소에서 책임연구원으로 근무하고 있다. 그는 얼마 전에 Vending Machine에서 여느 때와 같이 허리를 굽혀 음료수를 꺼내다 갑자기 소리를 지를 정도의 강한 허리 통증을 느껴 그만 그 자리에서 주저 앉고 말았다. 호흡을 가다듬으며 조심스럽게 천천히 상체를 일으켜 보았을 때 다행히 큰 고통이 뒤따르지는 않았지만 다시 허리를 굽혀 음료수를 꺼낼 엄두가 나지 않아, 옆에 있던 연구원 동료에게 음료수 병을 꺼내 달라고 부탁하여 음료수 병을 받아 마실 수 있게 되었다. 이런 달갑지 않은 체험을 하게 된 윤책임은 '이런, 앞으로는 Vending Machine에서 허리 굽혀 음료수 병을 꺼낼 때 조심해야 되겠는데...'하는 생각을 하게 되었다. 바로 그 때 하나의 생각이 불현듯 그의 머릿속에서 떠올랐다. '아니, Vending Machine의 음료수 출구는 왜 저렇게 밑에 있는 거야? 위에 있으면 이런 일도 없을 것 아냐? 왜 모든 Vending Machine들은 그렇게 만들어져 있지???' 이런 생각이 들면서 윤책임의 호기심 많은 기질이 발동되었고 마침내 그는 Vending Machine의 음료수 통 출구를 위쪽에 만들 수 없을까에 대해 고민하기 시작했다. '그래, 허리를 굽히지 않고 음료수 통을 꺼낼 수 있게 Vending Machine의 음료수 출구 위치를 위쪽으로 옮기면 이런 고충을 해소할 수 있으니 좋지 않을까? 이렇게 고객의 문제를 해결해주는 Vending Machine을 만들어 특허를 내면 돈도 될 수 있지 않을까? 남들이 못 한 것을 내가 먼저 해 멋지게 성취감도 느껴 볼 수도 있고…' 윤책임은 이런 저런 생각으로 이에 대해 욕심이 생겨나는 것을 느꼈다.

윤책임은 이 문제의 해결안에 대해 깊이 생각해 보기 전에 먼저 관련자료를 모으고 Vending Machine에 대한 이해를 넓혀 나갔다. 인터넷에서 관련 단어/이미지 검색을 해 보았고, 수 많은 Vending Machine

을 찾아보았으나 윤책임은 허리를 굽히지 않고 음료수 병이나 캔을 꺼낼 수 있는 Vending Machine을 찾아 볼 수가 없었다. 그렇지만, 아직 발견하지 못했다는 것이 그런 Vending Machine이 존재하지 않는다는 것을 의미하는 것은 아닐 수 있으므로 앞으로도 계속 찾아 볼 생각은 하고 있지만, 찾기 힘들 정도로 드물다라는 잠정 결론으로 이제 고객의 문제를 해결할 수 있는 Solution을 도출하는 것에 집중하기로 했다.

어떻게 하면 Vending Machine에서 허리를 굽히지 않고 음료수 통을 쉽게 꺼낼 수 있게 할 수 있을까? 음료수 병이나 캔이 Vending Machine의 밑 부분에 놓여져야만 한다면, 고객이 선택한 음료수 병이나 캔을 에스컬레이터나 엘리베이터 형태로 끌어 올려 윗부분에 설계된 출구로 배출하면 어떨까? 그렇게 한다면 기계적 장치가 너무 복잡해 지진 않을까? 아니면, 배출구를 윗부분에 재설계하고 일종의 진공 Tube를 배출구까지 연결하여 이를 통해 위로 밀어낼 수는 없을까? 그 외에 위로 올리는 공학적 방법은 어떠한 것들이 있을까? 이런 저런 생각을 해보았지만 윤책임은 현재 그가 알고 있는 정보나 지식으로 Solution을 만들어 내는데 충분하지 않다고 느껴 다시 추가적 정보를 수집하기로 했다. 윤책임은 그가 몰랐던 새로운 정보나 지식을 접하게 되면 곧바로 그가 생각해 보았던 방법들에 적용해 생각해 보고 부족한 부분은 다시 관련정보를 찾곤 했다. 추가적 정보를 얻어 이를 가지고 다시 생각해 보는 과정을 반복해 보았지만, Solution을 위한 창의적 아이디어를 낸다는 것은 쉽지 않았다.

몇 일 동안 자신의 연구실에서 혼자 고민하다 생각에 지친 윤책임은 그가 잘 아는 김범순 교수라는 선배와 얘기를 나눠 보고자 그의 대학 연구실을 찾아 나섰다. 주말에도 연구 프로젝트로 연구실에 나와 바쁘게 일하고 있던 김교수는 윤책임을 반갑게 맞아 주었고 커피를 마시며 대화를 이어갔다. 커피 잔을 비운 후, 윤책임은 그가 고민하고 있던 문제를 꺼내 김교수에게 설명하기 시작했다. 윤책임의 이야기를 들은 김교수는 '별걸 다 고민하고 있네!'라는 가벼운 핀잔을 주고는,

잠시 생각을 위해 말을 멈추었다가 다시 말을 이어갔다. 김교수는 문제의 인식은 재미있으나 윤책임이 Solution으로 생각해 본 여러 가지 방법은 경제성 측면에서 적절한 방법이 되기는 힘들다는 것이었다. 몇 백만원 밖에 하지 않는 Vending Machine에 그런 장치를 추가한다면, Vending Machine의 제조원가가 급격히 높아져 Vending Machine을 구매하는 업주들이 더 높은 가격을 지불해야 되므로 설사 고객에게 편리를 제공한다 하더라도 그러한 Vending Machine이 잘 팔리게 될지는 의문이라는 것이다. 그렇기 때문에 아무런 추가적 장치 없이 중력을 이용하면 음료수 병이 밑으로 떨어지게 되므로 음료수 병이 밑으로 배출되게 설계하는 것은 제조 비용을 고려한다면 매우 자연스러운 일이라고 그는 설명했다. 결국, 그러한 Vending Machine들은 사용자 입장이 아닌 공급자 입장에서 설계하여 만들었기에 고객의 편리보다는 Vending Machine의 제조원가가 그들에게는 더 중요할 수 있다는 것이다. 그러므로, 윤책임이 구상하는 새로운 Vending Machine은 제조비용을 크게 늘리지 않는 범위에서 솔루션을 찾아야 한다는 것이 김교수의 기본적 제안이었다.

이러한 김교수의 설명을 듣고 윤책임은 무거운 마음으로 연구실로 돌아 왔다. 그의 머릿속에는 많은 생각으로 가득 차 있었다. '할 것도 많은데 그만 둘까?' '아니야, 그래도 여기까지 왔는데…' '계속한다면 좋은 결과를 얻을 수는 있을까?' '이거 내가 할 수는 있는 것일까?' 이런 저런 생각으로 갈피를 못 잡고 있던 윤책임은 갑자기 무릎을 탁 치며, '그래, 내가 어떻게 생각하느냐에 따라 결과가 달라지는 거야! 할 수 있다는 자기 확신 없이는 절대 할 수 없어!'라는 생각이 머리속을 스치고 지나갔다. 이렇게 여기서 중단하지 않겠다는 다짐을 스스로에게 하고는 다시 컴퓨터를 켰고, 그 날도 윤책임은 새벽 2시가 넘어서야 집으로 향했다.

다음 날에도 무슨 Solution이 없을까라는 생각으로 윤책임의 머리속은 가득 차 있었다. 생각에 몰두해 있는 윤책임을 옆자리에 앉는 동료인 전책임이 팔을 툭 치며 말한다. '윤책임, 뭘 그렇게 정신없이 생각해? 점심이나 먹으로 가자!' 휴대폰의 시계는 벌써 정오를 가리키고 있었고, 의자를 밀고 일어나 윤책임은 전책임과 함께 구내식당으로 발길을 옮겼다. 여느 때와 같이 줄을 서서 차례를 기다리던 윤책임은 앞에 있던 사람들을 물끄러미 쳐다 보다가 사람들이 식판을 꺼낼 때 그 밑에 쌓여 있던 식판들이 올라오는 것을 우연히 보게 되었다. 이를 본 순간 윤책임은 '저거, 어디에 쓸 수 있겠는데!'하는 생각이 뇌리를 스치고 지나갔다. '그렇지, 식판을 하나 빼면 밑에 있는 스프링이 밀어 올리게 되니 사람들이 허리를 굽혀 식판을 꺼낼 필요가 없지. 그래! 같은 원리를 Vending Machine에 적용하면 어떻게 될까?' 식사를 하는 둥 마는 둥 서둘러 마치고 연구실로 돌아온 윤책임은 좀더 차분하게 검토해 보기 시작했다. '스프링으로 밑에 배열된 음료수 캔을 위로 밀어 올리게 만들고 음료수 배출구를 Vending Machine 위쪽에 위치하도록 설계하면 사람이 음료수 캔을 꺼낼 때마다 음료수 캔은 다시 위로 올려져 채워지므로 사람들은 허리를 굽히지 않고 음료수 캔을 뺄 수 있잖아. 그리고 비용이 많이 드는 장치를 Vending Machine 안에 설치하는 것이 아니라 스프링만을 적절히 이용하면 되니 비용이 높아질 이유도 없고.. 그래, 이렇게 하면 되겠네!'하는 마음 속에 퍼져 나가는 통쾌한 외침과 함께 윤책임의 얼굴에는 환한 웃음이 만발하고 있었다.

위의 윤동현책임에 대한 이야기를 통해 살펴보면, 사람이 어떤 일을 할 때는 반드시 그 일에서 요구되는 활동들이 있고, 이 활동들이 진행되는 데는 전후 순서가 있다는 것을 알 수 있다. 위의 이야기에서 윤책임은 자신을 포함하여 많은 사람들이 기존의 Vending Machine에서 적지 않은 불편 또는 고충을 느끼고 있다는 것을 직접 경험함으로써 이에 대한 해결이 필요하다는 것을 깊이 공감하게 된다. (실상, 필자가 직접 관찰한 밑의 사진들을 보면, 국내는 물론 해외에서도 Vending Machine의 구조나 모양은 크게 다르지 않다는 것을 알 수 있다.) 그래서 윤책임은 이러한 Vending Machine의 밑부분에 위치한 음료수 통 배출구에 대한 해결책을 찾고자 한다. 밑의 사진에서 보는 바와 같이 고객에게 불편을 주고 있는 대부분의 Vending Machine은 고객의 관점에서 고객의 편리성을 염두에 두고 설계된 것이라기보다는 Vending Machine 제조업체의 관점에서 또는 제조비용이라는 관점에서 설계되고 만들어진 것이라 할 수 있다. 그렇기에, Vending Machine의 제조비용을 크게 증가시켜는 해결책은 제조업자들이 수용하기 어렵다는 것을 윤책임은 인지하고 어떻게 하면 비용 증가라는 부담 없이 공학적으로 Vending Machine을 재설계하여 고객의 불편을 해소할 것인가가 그가 해결하고자 하는 핵심 문제인 것이다.

▌국내에서 본
어느 Vending Machine

▌미국과 프랑스에서 관찰한 Vending Machine

▌ 허리를 굽혀 음료수 병을 꺼내야 했던 불편을 해결한 새로운 Vending Machine

앞의 이야기에서 윤책임이 문제를 해결하기 위해 수행했던 몇 가지 활동을 찾아보고 이 활동들의 전개 순서를 먼저 단계별로 정리해 보자. 윤책임이 실행한 첫 번째 단계의 활동은 현재의 Vending Machine이 주는 불편을 몸소 겪은 후 이를 해결해야 되겠다는 필요를 깊이 인식하고 구체적인 목적을 설정한 일이라 할 수 있다. 이러한 목적을 설정하는 과정에서 이 문제가 해결되면 기대되는 결과가 어떠한 것인지를 고려하여 명확한 목적을 설정했을 것이다. 두 번째 단계의 활동은 문제를 해결할 수 있는 Solution을 생각해 내기 위해 필요한 자료를 수집하고 분석하는 등 향후 진행할 사고 활동을 위한 준비 활동이라 할 수 있다. 세 번째 단계는 해결하고자 하는 문제에 대한 Solution을 도출해 내고자 하는 정신적 사고 활동을 실행하였고, 그리고 마지막으로

네 번째 단계는 사고 활동을 통해 도출되는 Solution을 여러 기준으로 평가하여 이 Solution으로 설정한 목적을 달성할 수 있는지를 확인하는 단계라 할 수 있다.

구체적 활동은 다를 수 있겠지만, 앞에서 언급한 4 가지 단계는 사람이 무슨 일을 한다고 하더라도 일반적으로 거치게 되는 과정이 아닌가 생각한다. 이렇게, 문제를 해결할 Solution에 대한 창의적인 아이디어가 발현되는 과정도 위에서 보듯이 일반적인 과정과 크게 다르지 않다. 이 논리에 따라, 창의적인 아이디어를 발현하는 활동 과정을 다음과 같은 단계로 정리해 볼 수 있다.

i) 창의적인 아이디어의 필요 배경/기대하는 결과/목적 설정
ii) 창의적인 아이디어를 얻기 위한 준비
iii) 창의적 아이디어 산출을 위한 창조적 사고 실행
iv) 실행 결과로 나온 산출물이 목적이나 기대에 부합하는지를 평가하여 확인

일반적으로 위에서 언급한 각 단계는 일상의 일에서 자주 접하고 경험해 본 단계들이라 어렵지 않게 수긍할 수 있으리라 생각된다. 여기서 다시 한번 강조하고자 하는 것은 창조적 사고 활동은 위에서 정리한 것과 같이 반드시 선형적으로 그리고 한 방향으로만 진행되지 않을 수 있다는 것이다. 특히, 실행 단계에서는 지속적인 사고 활동만으로 쉽게 창의적인 생각이 떠오르지 않을 수 있다. 그래서 바로 앞의 준비 단계로 다시 돌아 가서 생각을 위한 추가적인 투입물이나 도구를 준비하여 다시 창조적

사고 활동을 해나가는 쌍방향적이며 순환적인 과정이 될 수도 있다. 하지만, 분명한 것은 두 번째 단계의 준비는 세 번째 단계의 창의적 아이디어 발상을 위한 것이고, 창조적 사고 활동이 준비활동에 선행될 수는 없기에 여기서 제시되는 단계들을 위와 같은 순서로 제시한 것이다. 창의적 아이디어의 발현 과정 전체를 동일한 논리로 생각해 보면, 일을 위한 준비 단계보다는 일에 대한 필요를 인지하고 해결하려는 목적 설정이 먼저 되어야 하고, 일을 위한 준비란 실제 수행을 위한 것으로 실제 사고 활동이 수행되는 단계 이전에 갖추어져야 하고, 실행 후 확인이란 반드시 활동이 끝난 후에야 가능하기 때문에, 논의의 단순화를 위해 위의 4 가지 단계를 순차적으로 표현한 것이라는 것을 밝혀 두고자 한다.

3 창의가 발현될 수 있는 환경적 여건과 상황

(1) 창의는 어떠한 환경적 여건하에서 발현될 수 있는가?

많은 경우 조용히 혼자서 자신의 생각을 모을 수 있는 곳에서 창의는 어느 순간 떠오른다고 한다. 그래서 과거에는 무릎을 탁 치는 착상의 순간이 말을 타고 가다가, 잠을 자는 침상 위에서, 그리고 생리적 해소를 위한 해우소(解憂所)에서 자주 나타나곤 했다는 이야기들이 널리 회자되었다. 물론, 이에 대한 과학적인 근거를 본 적은 없지만, 이 세 가지 장소의 공통점을 생각해보면, 이 세 가지 장소는 혼자서 조용히 생각에 빠질 수 있는 환경적 여건이 갖추어진 곳이라는 것이다. 이렇게 창의가 발현될 가능성이 높은 장소를 생각해 보면, 일반적으로 생각을 집중할 수 있는 환경이 갖추어진 곳에서 창의의 가능성은 높아질 수 있다고 할 수 있을 것이다. 그런데, 실제로 고객가치 창조를 위해 크고 작은 창의적 아이디어를 도출해 본 경험을 가지고 있는 사람들의 애기를 들어보면, 어떤 사람은 남의 이야기를 듣고 있다가, 또는 타인과 대화를 나누는 동안에 번득이는 아이디어가 떠올랐다고 하기도 하고, 아침에 면도를 하다가, 또는 식사를 하다가, 어떤 이는 바닷가에서 조약돌을 보다가 문득 창의적 아이디어가 솟아 났다고 하고, 심지어 어떤 사람은 운전 중에 우연히 아이디어가 떠올랐다고 한다.

창의를 위한 장소의 물리적 형태에 대한 이야기를 들어보면, 창의성이 꽃핀 르네상스 시대의 건축물에서 흔히 관찰할 수 있는 것은 높은 천장(High-rise Ceiling)이다. 그래서 사람의 창의는 이렇게 천장이 높은 곳에서 생겨나기 쉽다고 주장하는 사람들도 있다. 또 다른 사람은 창의를 위해서는 방의 벽 색깔이 중요하다고 믿어 보라색이나 노랑색을 제안하기도 한다. 필자가 미국에서 참가했던 Creative Thinking Workshop이 진행되었던 장소의 벽은 온통 보라색으로 칠해져 있었고 사용되었던 도구들도 보라색을 포함하고 있는 것들이 많았다. 그러나, 이러한 주장 뒤에 제시되는 과학적인 증거나 객관적으로 수용할 만한 근거는 찾을 수가

필자가 참석했던 Creative Thinking Workshop 장소와 강사

없었다. 더욱이, 앞에서도 언급했듯이, 크고 작은 창의를 경험해 본 사람들의 얘기를 들어보면, 그들에게 창의가 찾아온 순간의 장소는 위에서 언급한 천장이 높은 곳이나 특정 색으로 칠해진 벽으로 둘러싸인 곳이 아닌 다른 곳이었고 실제로는 다양했다. 어떤 이는 현대식 건물로 지어진 연구소 내에 있는 자신의 책상에서, 어떤 이는 회색으로 칠해진 공장 안에서 또는 자신의 집에 있는 책상에서 등등 실로 독칭적인 아이디어가 갑자기 찾아 온 곳은 공통점을 찾기 어려울 정도로 각양각색의 물리적 위치나 형태를 가진 장소이었다. 이는 아직도 창의적 아이디어는 어떤 장소에서 나오는 지에 대해 정확히 알려진 바가 별반 없다는 것을 말해주고 있다고 하겠다. 그렇다면, 독창적 아이디어가 떠오른 장소나 환경은 실로 다양하다고 할 수 있고, 이는 장소의 물리적인 위치 또는 형태나 종류 그 자체가 창의에 영향을 준다기 보다는 오히려 독창적 아이디어가 발현된 장소의 환경적 여건이 창의적 아이디어 발생에 영향을 주는 것이 아닌가 생각된다. 그 이유

는 창의에 도움이 되는 구조물로 되어 있는 곳에서라도 지속적으로 정신적 사고가 전개될 수 없을 정도로 산만하고 주위를 분산시키는 환경적 여건이라면, 그 장소에서 창의의 가능성은 낮아질 수 밖에 없다.

그러므로 독창적인 아이디어가 떠오르게 되는 환경은 주위를 분산시켜 사람의 정신적 사고를 방해하는 환경이 아니라면 어느 장소에서든 일어날 수 있을 것이라고 생각한다. 또 한 가지 독창적 아이디어가 발현되는 장소를 생각해 보면, 이를 위한 Cue/단초를 제공할 수 있는 사물 또는 사람이 있는 환경을 갖춘 곳에서 창의가 나올 가능성은 높다고 할 수 있다. 많은 생각을 해도 독창적인 아이디어가 떠오르지 않을 때 사람들은 종종 다른 장소로 옮겨 다른 것을 보고 느끼고 경험하려 하는데, 이는 새로운 환경에서 생각의 단초를 얻어 보려는 노력이라 할 수 있고 그런 환경에서 창의는 발현될 수 있다고 생각한다. 위에서의 논의를 종합해 생각해보면, 기본적으로 지나치게 산만하지 않아 정신적 사고 활동이 지속될 수 있고 창조적 사고의 단서를 얻을 수 있는 환경적 여건이 갖추어진 곳이라면 어디에서든 창의는 가능할 수 있을 것이라고 믿는다.

(2) 창의는 어떠한 상황하에서 발현될 수 있는가?

사람은 어떤 일을 할 때 자의적이든 타의적이든 그 일에 대해 절박한 필요를 느꼈을 때 또는 그 일을 하는 것으로부터 커다란 만족을 얻을 때 그 일을 열심히 하게 되고 기대했던 결과를 만들어 내는 경우가 많다. 창의적 아이디어를 내는 일도 크게 다르지 않아 보인다. 창의는 지능 또는 지식 수준이나 경험만에 의한 것이라기보다는, 해결할 문제/달성할 목표가 긴급하게 이루어져야 할 절박한 상황에서 갖게 되는 열정 또는 열망으로 인해 나올 수도 있고, 창조적 사고를 통해 재미/즐거움 등과 같은 내재적 동기를 얻을 수 있는 상황으로 인해 몰입하여 지속적으로 노력해 온 결과로 얻게 될 수도 있다.

그리고 이런 지속적인 노력의 산물로 얻어지는 창의는 (물론 예외도 있을 수는 있겠지만) 많은 경우, 창의가 나타나기 전에 진행되어야 했던 필요 활동들, 즉 창조적 사고를 위해 필요한 투입물이 충분히 수집되고 내재화 되었을 때, 그리고 창조적 사고 활동이 반복적으로 충분히 이루어 졌을 때 나타날 가능성이 높을 것으로 생각된다.

4 창의적이라고 불리우는 사람들의 특성

사람은 동일한 것을 보아도 개인적인 관심사가 다르고 이와 관련하여 가지고 있는 정보의 인출과 처리가 다르기 때문에 인식이 달라져, 동일한 것도 사람마다 다르게 받아들여 지게 마련이다. 또한 사람은 동일한 과제가 주어져도 개인의 기질, 능력, 자제력, 관심사, 목표의식, (내재적) 동기부여, 지식수준, 문제 해결을 위한 접근 방식, 과제에 대한 열정 등에 따라 결과가 달라진다. 이렇게 사람은 거의 모든 면에 있어서 다르므로 사람 간의 차이는 생겨날 수 밖에 없다. 그러므로 이러한 사람들 간의 차이는 창의적 사고에 있어서도 사람들 간의 차이를 만들기 때문에 모든 사람들에게서 동일하게 독창적 아이디어가 나올 수가 없고, 특정 사람에게서만 독창적 아이디어가 나오는 것이다.

역사적으로 뚜렷한 창조적 산물을 만들어 낸 Leonardo Da Vinci, Michelangelo Buonarroti, Alexander Bell, Thomas Edison, John Bardeen 등과 같이 소위 창의적이라고 불리우는 사람들의 특성을 선천적 특성과 후천적 특성 두 가지로 나누어 공통점을 찾아 보았다. 물론, 선천적 특성과 후천적 특성은 때론 정도의 차이로 나타날 수 도 있어 명확하게 분리하는 일이란 쉬운 일이 아니지만, 상대적으로 두드러지게 관찰되는 선천적 특성에 가까운 공통점을 찾아보면,

- 특정분야에 대한 개인적 관심, 재미, 선호(Preference)와 소질(Talent) 등의 타고난 자질(資質)
- 새로운 것에 대한 지적 호기심의 범위가 넓고 높은 감수성
- 생각하는 것을 즐기는 내재적 성향
- 무질서/모순/불균형 등에 대한 흥미
- 복잡하고 도전적인 일을 좋아하는 성향
- 달성/성취에 대해 강한 의지

반면, 소위 창의적이라고 불리우는 사람들의 후천적 특성에 가까운 공통점을 찾아보면,

- 외적 동기 (필요 인식, 타인으로부터의 인정/보상, 절박함)
- 몰입하여 하는 지속적인 사고와 끊임없는 노력
- 충분한 경험과 지식/창조적 사고역량
- 경험과 훈련에 의해 생기게 된 자신감과 자제력을 동반한 자율성
- 창의적 사고를 할 수 있는 물질적/환경적 여건이나 혜택

이러한 특성을 갖춘 사람들은 그렇지 못한 사람들에 비해 개인의 창의성이 높을 가능성이 있다. 그러나, 창의는 이러한 특성 외에 관찰되지 않은 다른 잠재적 또는 알려지지 않은 감성/심리관련 특성과도 연관이 있을 수 있기 때문에 위에서 논의한 특성이 갖추어 졌다고 해서 반드시 독창적인 아이디어가 발현된다는 것은 아닐 수 있다. 그러므로 위에서 논의한 이러한 특성은 창의의 필요조건에 가까운 것이라고 할 수는 있을지 몰라도, 충분조건은 아닐 것이고, 실상 창의의 충분조건은 아직 명확하게 알려진 바가 없다.

창조적인 발명가로 General Electric을 건립한 미국의 에디슨(Thomas Edison, 1847-1931)이 천재란 1%의 영감과 99%의 노력으로 이루어 진다(Genius is one percent inspiration and ninety-nine percent perspiration.)라고 말 했듯이, 창의는 무엇보다도 많은 노력을 필요로 한다는 것은 분명해 보인다. 그리고 창의를 위

한 노력이란 모르던 것을 깨우치고 지속적이며 반복적으로 사고하는 활동이라 할 수 있다. 그러므로 기본적으로 이러한 창의를 위한 노력을 경주한다면 창의적인 아이디어를 발현할 수 있는 가능성은, 물론 개인적인 차이는 있겠지만, 누구에게나 존재하므로 모든 사람은 창의적이다라고 할 수 있다. 이러한 생각을 기업의 관점에서 조명해 보면, 기업이 이러한 창의를 위한 노력을 적절히 관리하여 내부 구성원에게 잠재되어 있는 창의성을 끄집어내어 고객가치 창조 활동에 활용할 수 있다면, 소위 창의경영은 얼마든지 가능할 수 있다고 확신한다.

요약과 메시지

- 고객의 니즈를 충족시켜 주는 창의적인 아이디어는 대상이 되는 고객에게 유용한 가치를 제공해주는 합목적성이 있어야 한다.
- 창의는 현실을 인식하고 지금 고객이 겪고 있는 어려움을 해결하는 현재의 연장선에서 이루어 져야 의미가 있다.
- 창의는 의식과 무의식의 세계에 걸쳐 진행되는 뇌의 활동으로 이 두 영역에서 진행된 활동이 결합되어 나타난 산출물이라 할 수 있다.
- 창의적인 아이디어의 착상은 뇌만의 작용에 의한 것이 아니라 뇌가 통제하기 어렵거나 못 하는 육체의 내부적인 감성적/생리적 요소,

그리고 물리적으로 접하고 있는 외부적인 환경 요소 등에 의해서도 영향을 받는다. 그러므로 창의적인 생각이란 뇌만의 산물이 절대 아니다.

- 창의적 아이디어의 발현은 자신도 예상치 못한 순간에 갑자기 이루어지므로 예측이 어렵고 계획이나 통제가 가능하지 않다.
- 고객가치 창조를 위한 창의는 첫째, 고객이 당면하고 있는 문제를 해결함으로써 달성하고자 하는 구체적인 목적을 설정하고, 둘째, 그 고객 문제를 해결할 수 있는 Solution을 생각해 내기 위해 필요한 자료를 수집하고 분석하는 등 향후 진행할 사고 활동의 준비를 거쳐, 셋째, 문제에 대한 Solution을 도출해 내고자 하는 정신적 사고 활동을 실행하고, 마지막으로 사고 활동을 통해 도출되는 Solution을 여러 기준으로 평가하여 이 Solution으로 설정한 결과와 목적을 달성할 수 있는지를 확인하는 활동을 거쳐 이루어진다.
- 기본적으로 지나치게 산만하지 않아 정신적 사고 활동이 지속될 수 있고 창조적 사고의 단서를 얻을 수 있는 환경적 여건이 갖추어진 곳이라면 어디에서든 창의는 가능할 수 있다고 생각한다.
- 창의는 많은 경우 창의가 나타나기 전에 진행되어야 했던 필요 활동들, 즉 필요한 투입물이 충분히 수집되고 내재화 되었을 때, 그리고 창조적 사고 활동이 반복적으로 충분히 이루어 졌을 때 나타날 가능성이 높을 것이다.
- 창의는 사람의 개인적인 특성 외에 관찰되지 않은 다른 잠재적 또는 알려지지 않은 감성/심리관련 특성과도 연관이 있기 때문에 종종 언급되는 창의적이라고 불리우는 사람들의 특성은 필요조건이 될 수는 있지만, 충분조건은 되지 못하고, 실상 창의의 충분조건은 아직 명확하게 알려진 바가 없다.

- ✔ 개인적인 차이는 있겠지만, 기본적으로 창의를 위한 노력을 경주한다면 창의적인 아이디어를 발현할 수 있는 가능성은 누구에게나 존재하므로 모든 사람은 창의적이다라고 할 수 있다.
- ✔ 기업이 이러한 창의를 위한 노력을 적절히 관리하여 내부 구성원에게 잠재되어 있는 창의성을 고객가치 창조 활동에 활용할 수 있다면, 창의 경영은 얼마든지 가능할 수 있다.

고객가치 창조를 위한 개인의 창의에 대하여 Ⅲ

Ⅲ

고객가치 창조를 위한 개인의 창의에 대하여

"창의란 보통 사람이 가질 수 있는 하나의 스킬입니다."

추석이 지난 어느 늦은 가을날 한국전자 가전사업부의 상품기획팀장인 김종한 부장과 이소란 차장이 최연우 실장을 만나기 위해 한국전자 소속의 경영연구원을 방문한다.

최실장 : 어서 오세요. 반갑습니다.

김부장 : 오랜만입니다. 최실장님, 잘 지내셨습니까?

최실장 : 네, 덕분에 잘 지내고 있습니다. 이차장도 오랜만입니다. 잘 지냈어요?

이차장 : 네, 지난번 사내 세미나 이후로는 처음 뵙는 것 같습니다. 그런데, 최실장님은 오히려 갈수록 젊어지시는 것 같고 외모도 더 멋있어 지시는 것 같습니다.

최실장 : 그런 얘기가 저한테는 오늘 점심 사라는 얘기로 들리는데, 그렇게 하겠습니다.
(ㅎㅎㅎ...모두 웃음.)

최실장 : 요즈음 상품기획 쪽의 분위기는 어떻습니까?

김부장 : 요즈음은 실적이 괜찮아 분위기는 좋습니다. 그런데, 앞으로가 문제라고 생각하는 사람들이 많습니다. 그 동안은 그래도 세탁

기에서는 대용량, 스팀기능 등으로 그리고 냉장고에서는 Water and Ice Dispenser 등으로 Product Leadership을 유지해 왔던 것 같습니다. 그런데, 미래의 모습을 보여주는 Product Roadmap을 보면 눈에 띠는 뚜렷한 제품들이 별반 없어 현재의 실적 유지나 성장이 과연 지속 가능할 지 우려가 됩니다. 그래서 요즈음은 제품의 차별화와 혁신을 강조하며 이를 위한 창의성의 중요성이 사업부 전체적으로 더욱 크게 느껴집니다. 제품에서 고객이 느끼는 가치는 우리 조직의 창의성에 의해 결정될 것인데, 이 부분이 쉽지 않은 것 같습니다. 경영진들도 창의에 대해 많이 강조를 하고는 있으신데, 실제 뭘 어떻게 하라는 지시가 없는 것을 보면 그 분들도 무엇을 어떻게 해야 창의가 꽃 피울 수 있을 지는 잘 모르시는 것 같기도 합니다. 저희들도 하느라고 사내 제안제도 등 여러 가지를 시도해 보았는데 시원치 않았습니다. 기본적으로 창의라는 것이 우리가 잘 할 수 있는 것인지에 대한 본질적인 의문도 가지고 있고, 창의를 어떻게 해야 되는지에 대해 최실장님으로부터 이야기를 듣고자 이렇게 왔습니다. 지난번에 발표하신 창의에 대한 글도 보았고, 최근 창의에 대해 많은 연구를 하신다고 얘기도 듣고 해서 가능하다면 컨설팅 프로젝트도 해 보았으면 해서 이렇게 왔습니다.

최실장 : 네~ 그렇군요. 김부장 얘기를 듣고 나니, 먼저 우리가 찾는 창의란 어떤 것이고, 또 우리가 잘 할 수 있는 것인지를 생각해 보아야 할 것 같습니다. 우리가 추구하는 창의란 미술, 음악 등의 예술이나 또는 심리학에서 얘기하는 것과는 다르겠지요. 우리가 추구하는 창의의 대상은 철저히 고객이 되어야 하고 고객을 위한 새로운 가치를 만들어 내는데 필요한 창조적 사고에서 출발해야 된다고 생각해요. 그리고 결론부터 얘기하면, 개인적인 연구를 통해 점차 확신을 갖게 되는 것은 개인의 업무

스킬(Skill)과 같이 창의란 보통 사람이 가질 수 있는 하나의 스킬입니다. 물론, 개인에게 주어진 선천적인 기질, 정신적/육체적 조건, 선호, 성격 등에 따라 개인마다 차이는 있겠지만, 학습과 반복훈련으로 창의는 얼마든지 강화될 수 있을 뿐 아니라 대부분의 사람들은 어느 정도 필요한 수준의 역량은 갖출 수 있다고 생각합니다. 예를 들어, 창의는 골프 하는 개인의 골프 스킬에 비유할 수 있을 겁니다. 물론, 개인의 선천적인 부분에 따라 차이는 있을 수 있지만, 대부분의 사람들은 배우고 반복 훈련하면서 열심히 치면 얼마든지 자신의 골프 실력을 개선할 수 있지요. 그리고 드문 경우가 되겠지만, 어쩌다가는 심지어 홀인원(Hole-in-one)도 할 수 있을지 몰라요. 홀인원이 프로 골퍼들만의 전유물이 아닌 것과 마찬가지로, 분명한 것은 고객가치 창조를 위한 창의란 머리 좋은 몇몇 사람들만의 전유물이 절대로 아니라는 것입니다. 우리도 외국의 앞선 기업 같이 얼마든지 잘 할 수 있다고 저는 믿습니다.

1 창의가 개인에게 중요한 이유

최근에는 Open Innovation이라는 이름하에 기업이 추구하는 고객가치 창조가 외부 사람들에 의해 시작되는 경우도 있긴 하지만, 기본적으로 기업에서 추구하는 고객가치 창조의 주역은 다름 아닌 그 기업의 내부 구성원이라 할 수 있다. 비록 개인이 제시하는 창의적 아이디어는 많은 경우 초기에는 엉성하고 완성도가 낮을지는 몰라도, 분명한 것은 기업의 고객가치 창조는 주로 내부 구성원인 개인의 창의에서 비롯하게 되므로, 개인의 창의는 바로 기업이 추구하는 고객가치 창조의 원동력이 된다. 따라서, 기업의 내부구성원인 개인은 창조적 사고의 주체가 되어야 하며, 이런 개인의 창의가 없다면 기업의 창의도 있을 수 없기 때문에 기업내에서의 고객가치 창조는 기대하기 어려울 것이다.

이렇게 기업의 생존과 성장을 위해 필수적인 요건이 되는 고객가치 창조는 구성원 개인의 창의에서 비롯되기 때문에 기업내에서 창의적 아이디어를 제공할 수 있는 개인은 바로 기업이 찾는 인재가 된다. 새롭고 가치 있는 일을 할 수 있는 개인의 창의는 현재는 물론 미래에도 요구될 인재의 요건이 되므로 개인의 창의는 바로 개인의 경쟁력이 된다. 더욱이, 개인의 창의는 학습하고 반복 훈련하면 개선이 가능한 스킬(Skill)이므로 개인의 창조적 사고 역량은 개인의 노력에 따라 얼마든지 차별화가 가능하다. 그러므로 기업이 찾는 인재가 되기 위해서 개인이 반드시 갖추어야 할 개인의 핵심 경쟁력 중의 하나가 바로 창의라 할 수 있다.

오늘날 주위의 사람들을 관찰해 보면, 당면한 문제를 해결하고자 할 때 깊이 있는 생각을 하기보다는 즉각적으로 얻을 수 있는 답을 주로 찾으려 하곤 한다. 그리고, 일단 답을 찾게 되면, 이 외의 다른 대안을 더 이상 생각하려 하지 않는 경향이 있는 것같다. 모르긴 몰라도, 우리나라의 주입식 교육이 사람들로 하여금 이러한 행동을 갖게 하지 않았나 하는 생각도 든다. 그런데, 이러한 행동이 반복되어 습관으로 굳어지면, 문제의 본질에는 별반 관심을 갖게 되지 않을 뿐 아니라, 다른 시각에서 문제를 바라보고 창조적으로 사고하려는 시도조차 하지 않게 된다. 사람은 다양한 시각에서 생각하며 문제를 해결하려 노력하지 않으면, 사고와 행동이 고착화되어 가기 때문에 여태까지 문제를 해결해 온 대로 생각할 수 밖에 없게 된다. 특히, 도일한 업무를 반복하는 직장인들이 생각하며 일하지 않으면 여태껏 일해온 대로 생각하게 되어 고정관념이 생기게 되고 사고와 행동이 고착화될 수 밖에 없다. 이렇게 되면, 변화에 무감각해지거나 때론 변화로부터 심지어 두려움까지도 느끼게 되어 현재의 상황(The Status Quo)에 집착하게 되고, 결국 창의적 아이디어의 발현은 더욱 더 어려워 질 수 밖에 없다. 이는 개인의 경쟁력 약화로 이어지고 궁극적으로는 오늘날의 경쟁에서 도태될 수 밖에 없을 것이다. 움직이지 않는 고인 물은 썩을 수 밖에 없다. 기업이 생존을 위해 고객가치를 창조해야만 하는 것처럼, 창의 역량은 개인이 생존을 위해 선택하는 것이 아니라 반드시 갖추어야 하는 필수적인 스킬인 것이다.

자기계발의 관점에서 생각해보면, 창의는 개인에게 다음과 같은 유익을 가져다 줄 수 있다.

- 창의는 개인이 새로운 생각을 하게 함으로써 더 많은 것을 배우고 알 수 있게 도와준다.

- 창의는 개인이 이전과 동일한 생각의 틀에서 하던 수직적 사고 또는 생각의 깊이가 낮은 평면적 사고에서 벗어나, 수평적 사고 또는 입체적 사고를 하게 함으로써 가치 있는 새로운 아이디어를 발현할 수 있게 해준다.
- 창의는 개인이 과거에 해보지 않았던 새로운 생각을 하게 함으로써 기존에 했던 모든 것에 가치를 더해준다.
- 창의는 개인이 현재의 수준/역량에 대해 다양한 생각을 하게 함으로써 현재의 상황(The Status Quo)에 도전할 수 있게 해준다.
- 개인의 창의적인 생각이 개인간의 차이를 만들고, 이러한 생각은 모든 일에 있어서 개인의 성공 가능성을 더욱 높여줄 수 있다.

날로 심해지는 오늘날의 경쟁 속에서 살아가는 개인이 자신의 경쟁력을 강화하기 위해서는 창조적 사고의 중요성을 깊이 인식하고 창조적으로 사고하는 능력을 지속적으로 키워 나가야 한다. 역사를 돌이켜 보면, 수 백 년 전 돌궐시대의 장군 톤유쿡 (General Tonyuquq of Turks)은 다음과 같은 말을 했다고 하는데, 오늘날의 현대인에게는 물론 심지어 미래에도 꼭 필요한 명언이 아닌가 생각한다.

'누구든 자신을 위해 성을 쌓는 자는 반드시 망한다. 지속적으로 움직이는 사람만이 살아 남을 수 있고, 길을 이끄는 자는 번성한다.'

(Those who have fence around them corrupt, without doubt. Only those who move consistently survive, and those who lead roads prosper.)

2 개인의 창의 발현(창발, 創發)을 위하여

앞에서 개인에게 창의가 왜 중요한 지를 살펴 보았다. 그렇다면, 개인이 무엇을 어떻게 해야 창의적 아이디어 발현을 잘 할 수 있을까? 이 질문은 창의의 중요성을 인식한 개인이라면 당연히 갖게 될 질문이고 이에 대한 답변을 찾는 것은 개인에게 중요한 일이 될 것이기에 여기서는 이 질문을 다루어 보고자 한다. 그런데 이 질문에 대한 답을 찾기 위해서는, 앞에서 논의한 창의적 아이디어를 발현하는 전체 과정을 구성하는 4 가지 단계에 비추어 개인이 창의 발현을 잘 하기 위해서 해야 하는 것과 이러한 것들이 왜 잘 안 되는 지 또는 걸림돌이 무엇인지를 면밀히 살펴보아야 할 것이다. 따라서 여기서는 Bottom-up 접근 방법[3]으로 다음과 같은 간접 질문들을 먼저 구체적으로 다루어 봄으로써 어떻게 하면 창의 발현을 잘 할 수 있는 지를 밝혀보고자 한다.

- 개인은 창의적 아이디어를 발현하는 전체 과정에서 어떤 활동을 해야 하는가?
- 그리고 이러한 활동이 잘 안 된다면 그 이유 또는 걸림돌은 어떤 것들인가?

[3] 창의 발현의 충분조건을 안다면, 무엇을 어떻게 하면 창의 발현을 잘할 수 있을까에 대한 질문에 직접적인 답변을 찾을 수 있을 것이다. 그러나, 창의 발현의 충분조건에 대해 아직까지 구체적으로 알려진 바가 별반 없는데 이는 어느 누구도 명확하게 충분조건을 제시하기가 어렵기 때문이라고 생각한다. 그렇기에 여기서도 간접적인 질문과 더불어 Bottom-up 접근방법으로 위의 질문에 대한 답변을 찾고자 한다.

이제, 이 두 가지의 질문들을 순서대로 다루어 보면서, 개인이 무엇을 어떻게 해야 창의적 아이디어의 발현을 잘 할 수 있는지를 알아보도록 하자.

(1) 개인이 창의 발현 전체 과정에서 해야 하는 활동들

고객가치 창조를 위해 개인이 독창적 아이디어를 발현하기까지의 과정을 크게 4 가지 단계인 목적 설정, 준비, 실행, 평가를 통한 확인으로 나누어 앞에서 살펴보았다. 물론, 이 4 가지 단계의 경계를 명확하게 긋는다는 것은 쉽지 않을 것이다. 또한 여러 개의 단계를 동시에 거치거나 각각의 단계에서 이루어 지는 활동들이 때로는 병행적으로 또는 순환적으로 진행될 수도 있지만, 일반적으로 사람은 창의적 아이디어를 내고자 할 때 의식적으로 또는 무의식 가운데 이러한 단계를 거치면서 각 단계에서 필요한 활동을 하게 된다. 따라서 개인이 창의 발현과정에서 해야 하는 활동들을 앞에서와 같이 4 가지 단계로 분류하고 정형화 해 보고자 한다.

i) 목적 설정 활동
ii) 창조적 사고를 위해 필요한 준비 활동
iii) 창의적 아이디어 산출을 위한 창조적 사고 실행
iv) 도출된 아이디어를 평가하여 확인하는 활동

(2) 개인의 창의 발현이 잘 안 되는 이유/걸림돌

앞 절에서 개인이 창의적 아이디어를 낼 때 해야 하는 활동들을 4 가지 단계로 나누어 보았다. 개인의 창조적 사고가 잘 안 된다면, 이 4 가지 개별 단계에서의 활동들에 걸림돌이나 잘 안 되는 이유가 분명히 있을 것이다. 그러므로 여기서는 개인의 창의 발현 과정에 있어서 걸림돌 또는 창의 활동이 잘 안 되는 이유를 단계별로 나누어 살펴봄으로써 어떻게 하면 개인의 창의 발현이 잘 될 수 있을 지를 밝혀 보고자 한다.

i) 목적 설정 단계에서 개인의 창의가 잘 안 되는 이유/걸림돌

고객가치 창조를 위한 개인의 창의 발현이 시작되는 첫 번째 단계에서는 다른 모든 일에 있어서도 마찬가지이겠지만, 얻고자 하는 창의적 아이디어는 무엇을 위한 것인가를 명확히 하여 확고한 목적의식을 가지도록 해야 한다. 얻고자 하는 창의적 아이디어가 왜 필요로 한지, 없으면 왜 안 되는지, 또 아이디어를 도출하면 이를 구체적으로 어디에 어떻게 쓸 것이고 이를 통해 얻고자 하는 결과는 어떠한 것인지, 이로 인해 무엇이 어떻게 달라질 것인지 등에 대해 명확해야 창의 활동이 추진력을 가질 수 있게 될 것이다.

이러한 것들이 명확하지 않으면 창의 활동을 하게 되는 개인은 당연히 의문을 갖게 될 것이다. 그리고, 창의를 실행할 사람이 의문을 갖고 있다는 것은 왜 해야 하는 지에 대해 잘 모른다는 것을 의미하는데, 사람은 잘 모르는 것에 대해 열정을 가지고 열심히 잘 하기는 쉽지 않기 때문에 좋은 결과가 나오기 어렵다. 다시 말하면, 목적의식이 뚜렷하지 않다는 것은 발현하고자 하는 창의의 필요에 대한 절박감, 창의를 위한 확고한 동기로 갖게 되는 열정과 몰입, 그리고 몰입에서 느끼는 재미/즐거움 등을 가질 수 없다는 것을 의미하므로, 하고자 하는 창의 발현은 지속되기도 힘들어, 결국 창의의 가능성은 낮아질 수 밖에 없을 것이다. 반면, 구체적으로 어떤 창의적인 아이디어를 얻어 어디에 활용하며 또 이를 통해 얻고자 하는 결과가 무엇인지에 대한 목적을 명확히 이해하고 이를 왜 해야 하는지에 대한 당위성에 공감한다면, 목적의식이 명확해 질 수 있고 그렇게 되면 사람은 동기와 열정이 생겨 목적을 달성할 가능성이 높아진다. 실상, 과거에 창조적 성취를 이루었던 Leonardo Da Vinci, Thomas Edison 등의 수 많은 역사 속의 인물들은 물론 현재에도 크고 작은 고객가치 창조를 이룬 Apple, Google, 3M 등과 같은 기업의 창의적인 내부 구성원들의 공통점 중의 하나는 그들이 뚜렷한 목적의식을 가지고 있었다는 것이라 할 수 있다. 그러므로 개인이 창의 발현을 잘하기 위해서는 무엇보다도 먼저 목적의식이 뚜렷해야 하는데, 이러한 목적의식이 약하거나 없다는 것은 창의 발현에 걸림돌이 된다.

여기서 한 가지 강조하고 싶은 것은 목적의식이 뚜렷해야 된다는 것은 단순히 구체적으로 설정된 목적을 명확히 인지한다는 것을 넘어, 창의적 아이디어의 필요에 대한 깊은 공감을 통해 성취에 대한 절박함을 느껴 동기와 열정이 생겨나고, 그래서 실제 창조적 사고를 할 때도 힘든 줄 모르고 오히려 때론 재미/즐거움도 느끼고, 실행 중 힘든 상황이 생겨도 인내심과 자제력(Self-control)으로 흔들림 없이 추진해 나갈 수 있는 의지, 그리고 반드시 할 수 있다는 자신에 대한 확신이 결합된 상태가 되어야 한다는 것이다. 물론, 현실적으로는 쉽지 않을 뿐 아니라 정도의 차이도 있고 부분적으로는 미흡한 것도 있을 수 있지만, 창의 발현의 시작 단계에서 없어서는 안 될 가장 중요한 것이라고 하겠다. 따라서, 본원적으로 쉽지 않은 창의적 아이디어를 도출하고자 할 때, 자신이 이렇게 뚜렷한 목적의식이 있는지를 확인해 보고 없다면 오히려 시작을 안 하는 것이 나을 수도 있다. 꼭 해야 하는 것이라면 다음과 같은 질문을 스스로에게 던지고 확신을 가진 후에 창의 활동을 진행하는 것이 좋을 것이라 생각한다.

- 이 일을 위해 구체적으로 무엇을 해야 하는지 명확한가?
- 이 일은 왜 해야 하는가? 또는 이 일은 안 하면 왜 안 되는가?
- 이 일에 대해 동기와 열정을 가질 수 있는가?
- 이 일을 통해 재미/즐거움을 느낄 수 있는가?
- 이 일을 할 수 있는 역량/스킬을 가지고 있는가?
- 이 일을 끝마칠 때까지 필요한 추진 의지와 인내심이 있는가?
- 이 일을 충분히 할 수 있다는 확신을 가질 수 있는가?

이러한 질문들에 긍정적인 답변을 할 수 없는 것이 있다면, 그 이유는 무엇이며 무엇을 어떻게 하여 긍정적인 답변을 얻을 수 있을지를 고민하고 노력하여 뚜렷한 목적의식을 가지고 시작하는 것이 필요하다. 실상, 확고한 목적의식을 가지고 시작해도 예상치 못한 어려움은 생기기 마련이어서 실행이 쉽지 않을 것인데, 이러한 목적의식도 없이 시작한다면 잘 되기 어려울 것이다.

ii) 준비 단계에서의 개인의 창의가 잘 안 되는 이유/걸림돌

사람이 하는 모든 일에 있어서 준비가 잘 되면 실행도 잘 되고 기대하는 결과를 얻을 가능성도 당연히 높아진다. 개인이 창의를 발현하는 일도 예외가 아니다. 오히려 준비의 중요성은 아무리 강조해도 지나치지 않다라고 말하고 싶다. 개인이 창의 활동을 할 때 어떠한 준비가 미흡하여 창의적 아이디어가 잘 안 나오는지 그 이유를 하나도 빠짐없이 제시한다는 것은 창의에 대해 모든 것이 밝혀지지 않는 한 가능하지 않은 일이다. 설상, 그 이유를 모두 찾았다 하더라도 중요도에 있어서 분명 차이가 있을 것이다.

그러므로, 여기에서는 이미 알려진 이유 중에서 개인이 창의적 아이디어를 얻는데 상대적으로 중요하다고 생각되는 이유들을 중심으로 논의를 해보아, 준비 단계에서 창의 발현을 위해 개인이 갖추어야 할 핵심적인 것들이 어떠한 것들인지를 밝혀 보고자 한다.

① 창의적 사고를 자극하기 위해 필요한 투입물 (관련 정보/지식/Stimulus 등) 부족

사람의 창의적 아이디어는 어느 순간에 갑자기 나타난다. 그렇다면, 이러한 생각의 태동은 아무런 사전 준비 없이도 가능할까? 개인의 창조적 사고 활동을 깊은 바다에서 하는 바다 낚시에 비유하여 생각해 보자. 아무런 준비 없이 심지어 낚시대도 준비하지 않고 깊은 바다에 나가 물고기를 잡으려 한다면, 실제로 물고기를 낚는다는 것은 무척이나 어려운 일이 될 것이다. 그러나 낚시대를 포함하여 다양한 미끼, 심지어 물고기 탐지기까지 준비했다면, 물론 그런 준비를 해도 물고기를 못 낚는 경우도 드물게 있을 수는 있겠지만, 일반적으로 물고기 잡을 가능성은 비교할 수 없을 정도로 높아질 것이다.

독창적인 아이디어를 찾는 창조적 사고 활동도 이와 크게 다르지 않아 보인다. 개인의 창의 활동에 있어서도 적절한 준비가 갖추어 지지 않으면 독창적인 아이디어의 착상은 지연되거나 영원히 나타나지 않을 수도 있다. 창의에 대한 학자(예를 들면, M. Csikszentmihalyi, 1996)[4]들의 연구 결과를 보면, 짧지 않은 시간에 걸쳐 축적되어 온 사전 지식이나 경험이 충분히 있어야 창의가 잘 발휘될 수 있다고 주장하면서 창의를 위한 충분한 준비를 강조하고 있는 것을 볼 수 있다. 모든 사람이 동의할 수 있듯이, 사람의 창조적 사고는 사고의 대상이 있어야 하고 또한 사람이 하는 일은

[4] Creativity: Flow and the Psychology of Discovery and Invention, (1996)

무에서 유를 창조할 수 없기에 창의도 아무것도 없는 상태에서 저절로 생겨날 수 없다. 기업에서 고객가치 창조를 위해 개인이 발현하는 독창적 아이디어는 본인이나 기업을 위한 것이라기보다는 고객을 위한 것이다. 따라서, 개인의 창의는 고객과 접하는 사회적인 특성을 갖게 되기에 현실을 떠나서는 나올 수 없다. 그러므로 고객가치 창조로 이어지는 창의적 아이디어를 발현하려면 창조적 사고를 하는 개인에게는 생각의 대상이 되는 고객들에 대한 정보/지식/Stimulus 등의 사고를 자극할 다양한 투입물이 절대적으로 필요하다. 그런데, 현실을 살펴보면, 기업에서 일하는 절대 다수의 개인들은 그들의 창조적 사고 활동을 위해 필요한 투입물이 절대적으로 부족하다.

그러므로 창의 발현을 위한 준비 단계에서 개인은 창조적 사고를 자극하는데 충분한 수준의 투입물를 수집하고 분석/처리하여 내재화하는 준비가 사전에 이루어 져야 창조적 사고를 실제로 진행하는 실행 단계에서 자신의 창의를 잘 발현할 수 있게 될 것이다[5]. 마치 맛있는 요리를 만들기 위해서는 신선하고 좋은 음식 재료가 필요하듯이, 개인이 독창적인 아이디어를 잘 내기 위해서는 개인의 사고를 촉진할 수 있는 투입물에 대한 충분한 준비가 필요한데, 이러한 투입물의 부족은 개인의 창의에 커다란 걸림돌이 된다고 하겠다.

[5] 물론, 창조적 사고 활동이 실제로 진행되는 실행 단계에서도 주위 사람들이나 전문가들로부터 추가적인 정보/지식 또는 질문/제언/비판/자극물 등을 받게 되어 투입물 제공과 창조적 사고 실행이 병렬적으로 또는 순환적으로 진행될 수도 있다.

② 문제 해결을 위한 창조적 사고 역량 미흡

앞에서도 언급했듯이, 개인의 창의는 학습과 훈련을 통해 개선될 수 있는 개인의 기량 또는 스킬이라 할 수 있다. 다시 말하면, 개인은 노력을 통해 창조적 사고 역량을 강화시키면 독창적인 아이디어를 낼 가능성을 한층 더 높일 수 있는 것이다. 그런데, 우리의 현실을 보면, 주입식 교육을 받고 성장해 왔기에 개인들이 창의에 대한 경험이 별반 없는데다 창조적 사고 기법에 대한 학습과 훈련은 절대적으로 부족하여 창조적 사고 역량이 약할 수 밖에 없다. 개인이 자신에게 잠재되어 있는 창의를 촉진하기 위해서는 학습과 훈련을 통해 필요한 창조적 사고 역량을 잘 갖추어야 하는데 이에 대한 준비가 절대적으로 미흡하여 실상 이것이 개인의 창의 발현에 또 다른 걸림돌이 되고 있다.

창의에 대한 연구를 통해 갖게 된 필자의 확신은 모든 사람은, 정도의 차이는 있겠지만, 잠재적으로 창의성을 가지고 있다는 것이다. 개인의 창조적 사고 역량이 미흡하다는 것은 개인에게 잠재되어 있는 창의성을 끄집어 내는데 효과적인 다양한 창조적 사고 기법 또는 도구들에 대한 학습과 훈련이 부족하다는 것을 의미한다. 한 가지 예를 들면, 실제로 기술분야에서 많이 활용되는 TRIZ[6]와 같이 체계적으로 사고할 수 있는 창조적 사고 기법을 배우고 습득하면 개인은 자신의 창의 발현 가능성을 한층 높일 수 있다. 개인의 창조적 사고 역량이 미흡하다는 것은 창의적 아이디

---

[6] 러시아에서 개발된 창조적 사고의 발상을 위한 일종의 방법론

어 발현에 걸림돌이 되지만, 창조적 사고 활동을 하기 전에 충분한 준비를 한다면 이러한 걸림돌은 얼마든지 극복할 수 있다고 믿는다.

③ 창조적 사고에 대한 전반적 이해 부족

창조적 사고라는 정신적 활동을 하기 전에 또 한 가지 준비가 부족하여 개인의 창의가 잘 안 되는 이유는 창조적 사고에 대한 전반적인 이해가 부족하기 때문이라 할 수 있다. 창의적인 아이디어를 내고자 하는 사람들이 바로 실행으로 뛰어 들어 고민하면서 많은 시간을 보냈지만 기대했던 성과를 내지도 못하고 중단하게 되는 경우를 주위에서 종종 보게 된다. 이러한 시행착오는 창조적 사고 과정에 대한 이해가 부족한 상태에서 무리하게 성급히 추진한 결과라고 생각한다. 개인이 창조적 사고를 하는데 필요한 것이 무엇인지, 창의적 아이디어는 어떤 환경 또는 상황에서 어떻게 나타나게 되는 것인지, 창조적 사고 활동이 효과적으로 진행되지 않을 때는 무엇을 하는 것이 좋은지 등을 포함하여 창의에 대해 깊은 이해와 지식을 가지고 있다는 것은 창조적 사고 과정을 관리해 나가는데 많은 도움이 된다. 예를 들면, 사람의 창조적 사고 활동은 의식과 무의식의 양면에 걸쳐 작용하는 정신적 활동이기에 사람이 의식적으로 통제할 수 있는 부분이 있고 그렇지 못한 부분이 있다. 특히, 기대하는 창의적 아이디어가 떠오르지 않을 때 무엇을 해야 하는지를 이해하고 이에 익숙하게 되면 창의 활동을 더욱 효과적으로 할 수 있게 될 것이다.

생각을 한다는 사람의 정신적 활동은 뇌의 물리적 활동을 포함한 육체적인 노력을 필요로 하는 것이기에 긴 시간 지속되기는 어려워 간헐적으로 생각을 중단하고 쉬는 시간을 갖는 것이 자연스럽고 때론 필요하다. 그렇기에, 창조적 사고를 많이 경험해 본 사람들은 기대하는 착상이 생겨나지 않으면 뇌의 사고 활동을 멈추고 쉬는 시간을 갖거나 아니면 생각하고 있는 것과는 전혀 관련성이 없는 음악을 듣는다거나, 아무 생각 없이 영화를 보거나, 또는 환경이 다른 곳에서 다양한 관찰을 하기도 한다. 때론 밖에 나가 정신적 피로를 육체적 피로로 전환한 후 육체를 푹 쉬게 하는 휴식을 갖은 후에 정신적 사고활동을 재개하기도 한다. 창의적 사고 활동에 익숙한 사람들의 얘기를 들어보면, 아이디어의 착상을 위해서는 언제 어느 시점에 그 동안 생각해 온 문제로부터 일시적으로 떨어져 있어야 하는지를 알아야 한다고 하면서 이는 창조적 사고 과정에서 없어서는 안 될 기술이라고 한다. 그리고 앞에서도 언급했듯이, 창의 활동은 구체적으로 정해진 대상과 해결해야 할 문제가 구체적으로 주어지므로 창의적 아이디어를 내고자 하는 개인은 필요한 사고 역량과 더불어 생각을 자극할 투입물을 충분히 갖추어야 한다. 그러므로 이러한 창조적 사고의 특성과 요건을 잘 이해하여 필요한 준비를 갖추어야 체계적으로 창의 활동을 추진해 나갈 수 있어 창의 발현의 가능성을 높일 수 있는 것이다.

그런데, 대부분의 개인들은 이런 창조적 사고에 대한 전반적인 이해와 지식이 절대적으로 부족하다는 것이 실상이고 이는 바로 개인의 창의 발현의 걸림돌이 되고 있는데, 우리의 현실은 아마도 이에 대한 인식조차도 미흡하지 않은가 생각된다.

iii) 실행 단계에서 개인의 창의가 잘 안 되는 이유/걸림돌

해결하려는 문제와 관련된 투입물이 수집되고 내재화되어 준비를 갖추면 새로운 아이디어를 얻기 위한 창조적 사고는 언제든 시작될 수 있다. 그렇지만, 앞에서도 언급했듯이, 창의적인 아이디어를 얻는다는 것은 본원적으로 사람이 원하는 대로 직접 통제할 수 없는 일이어서 아무리 준비가 잘 되었다 하더라도 실행이 쉽지 만은 않다.

여기서는 창의의 이러한 본원적인 특성으로 인한 어려움 외에, 창의 발현의 실행 단계에서 사람들의 창조적 사고가 잘 안 되는 이유 또는 걸림돌은 무엇인지 구체적으로 논의해 보고, 창조적 사고의 실행 면에서 이를 극복하기 위해 개인이 해야 할 것은 어떠한 것이 있는지도 함께 살펴보도록 한다.

① 고정관념에 의한 평면적 사고 경향

고정관념[7](固定觀念)이란 잘 변하지 않는 확고한 의식이나 구조화된 신념 또는 정신적/행동적 관행(Mental/Behavioral Lock-in)

[7] 고정관념(Stereotype)은 문맥에 따라 경로 의존성(Path Dependence)라고도 부르기도 한다.

이라 할 수 있다. 사람은 사물을 접할 때 과거에 경험했던 경로에 따라 사고하고 행동하게 되는데 이는 다른 경로의 사고와 행동으로 전환하는 데는 시간/자원의 물리적 비용은 물론, 정신적 비용, 그리고 심리적 리스크 등의 비용이 수반되기에 경로 전환이란 본능적으로 쉽지 않다. 이러한 사고의 전환 비용 때문에 사람은 기존의 생각과 행동을, 때론 자신도 인지하지 못하는 가운데, 고수하게 되고 이것이 고정관념이나 정신적 그리고 행동적 관행을 형성하게 된다.

사람의 사고를 지배하는 뇌의 물리적 활동 측면에서 생각해 보면, 사람의 의식/신념은 물론 사고와 행동이 잘 변하지 않는 이유를 생존을 위한 뇌의 본능적 활동에서 찾아 볼 수 있다. 사람의 뇌가 작동하기 위해서는 에너지를 필요로 하게 되어 에너지 소비라는 물리적 비용이 들게 되는데, 뇌는 생존을 위해 이 물리적 비용을 최소화하려는 본능적 성향을 가지고 있다고 한다. 그렇기 때문에, 뇌는 과거에 경험한 것을 인지하게 되면 에너지가 상대적으로 많이 들게 되는 새로운 방식으로 정보를 처리하기 보다는, 먼저 본능적으로 이미 뇌 안에 존재하는 도식(Schema)과 반복 학습으로 익숙해진 에너지 효율적인 기존 방식으로 정보를 처리하여 결과를 내어 주기 때문에 과거에 경험했던 것에 대해서는 동일한 사고의 경로를 따라 동일한 정보처리 결과를 제공해 주게 된다는 것이다. 그래서, 사람은 익숙한 것 또는 이미 아는 것을 보게 되면, 그 것에 대한 새로운 생각을 멈추고 이미 형성된 인식과 존재하는 생각에 순응하여 따르게 되는 것이다. 이러한 현상이 바로 다름 아닌 생각 (또는 생각에 따른 행동)의 경로 의존성(Path Dependence)이라 하는데, 이는 현재의 생각이 더 이상 관련성이 없어진 과거의 상황에서 가졌던 생각에 의해 제약되거나 결정되는 소위 고정관념으로 나타나곤 한다.

사람들은 일상에서 실로 수 많은 고정관념을 가지고 있다. 포장마차 하면 소주와 꼼장어, 닭똥집 등의 안주, 그리고 허기를 쉽게 때울 수 있는 우동이나 라면 등이 포장마차의 전형적인 메뉴로 떠오른다. 그런데 어느 대학가 주변에 있는 포장마차에서는 파스타와 와인을 판다고 하는데 이는 보통사람들이 가지고 있는 포장마차에 대한 고정관념을 넘어서는 것이다. 또한 음료나 간단한 식품을 판다고 생각되는 Vending Machine에서 최근에는 DVD 렌탈을 하기도 하고, Best Buy는 컴퓨터 관련 제품이나 카메라 같은 전자제품을 팔기도 하는데, 이러한 것들은 왠지 매우 신선하게 들린다. 이외에도 우리 일상에서 의식하지 못하는 사이에 당연하다고 생각되는 것들은 무수히 많다. 예를 들면, Vending Machine에서 음료수는 왜 당연히 허리를 굽혀 밑에서 꺼내야만 하는지, 물고기는 왜 지느러미는 있고 팔이나 다리는 없어야 하는지, 컴퓨터 자판기의 첫 번째 줄에 영어 문자들이 QWERTYUIOP의 순서로 나열된 QWERTY 자판기는 왜 그렇게 문자의 순서가 배열되어 있는지, 심지어, 남자는 왜 서서 소변을 보아야만 하는지 등은 사람이 스스로 의식도 하지 못하고 있는 고정관념이라 할 수 있다.

그런데 이러한 고정관념이 옳다/그르다라는 판단은 일단 유보하고 생각해 보더라도, 세상은 급속히 변하고 있는데 사람의 생각이 이러한 고정관념에 사로 잡혀 있다면 새로운 변화를 받아들이거나 만들어 내기가 어려울 것이다. 또한, 사람이 가지고 있는 고정관념이 본의 아니게 오류를 가져오는 경우도 발생할 수 있다. 현재 사용되는 10진법으로 인해 사람은 숫자에 대해 강한 고정관념을 가지고 있다고 생각한다. 늘 일상적으로 학급에서 Top 10, 문제의 10대 원인, 올해의 트렌드 10 가지 등등 익숙한 숫자에 대한 고정관념은 실로 일상에서 광범위하게 고착화되어 있지 않은가 생각된다. 왜 꼭 10 가지이어야 하는지, 또 Top 6, 문제의 8 가지 원인, 올해의 트렌드 14 가지 등은 왜 안 되는지에 대한 설명도 없이 사람이 익숙한 숫자에만 집착하여 사물의 내용을 밝히려 하는 것은 사실을 이해하는데 오히려 장애가 될 수 있다. 이렇게 숫자에 대한 고정관념이 사람의 사고를 고착화시킬 수 있어 실상은 적지 않은 오류를 가져올 수 있다고 생각한다.

이러한 고정관념은 사람의 사고를 속박하여 기존의 생각을 유지하게 하는데, 과거와 동일한 생각을 반복한다면 그 생각의 옳고 그름을 떠나 사람이 창의적으로 생각을 하는데 걸림돌이 될 수 밖에 없다. 따라서, 고착화된 사고를 전환시키지 않으면 사람은 고정관념을 극복하기가 어려워져 과거와는 다르게 사물을 바라보고 새로운 시각에서 생각해 보려는 창의가 나타나기 어렵다. 그러므로, 개인의 창의 활동을 위해서는 본능에 의해 형성된 고정관념의 테두리 안에서 생각하는 수직적 사고(Vertical Thinking)에서 벗어나 고정관념에 얽매이지 않고, 새로운 각도로 문제에 접근하여 생각하려는 수평적 사고(Lateral Thinking)로 전환할 수 있는 개인의 노력이 절대적으로 필요하다고 하겠다.

② 획일적 교육에 의해 고착화된 표면적 문제 인식과 평면적 사고 습관

국내에서 대학 진학을 준비한 사람들에게 고등학교 시절에 어떤 교재로 공부를 했는가라는 질문을 하게 되면 절대 다수의 사람들이 성문종합영어와 수학의 정석을 언급한다. 이렇게 동일한 교재로 많은 사람이 공부를 했는데, 돌이켜보면 주어진 문제에 대한 답을 찾는데 집중하였고 정답을 찾으면 새로운 시각에서 다른 것은 더 이상 생각할 여유도 없이 다음 문제로 넘어가는 훈련의 반복이 아니었나 생각한다. 특히, 수학의 경우에는 문제를 깊이 이해하고 다양한 접근 방법으로 풀어나가는 교육을 받았다기보다는 문제의 유형(Pattern)을 배우고 익혀 답을 찾는 획일적인 주입식 교육이었던 것 같다.

이러한 주입식 교육은 사람들로 하여금 문제를 표면적으로 인식하고 평면적으로 사고하는 습관을 갖게 한다. 이렇게 표면적 문제 인식과 평면적 사고로 고착화된 습관을 갖게 되면 사람은 문제의 핵심을 파악하고 다양한 시각에서 사고하는데, 더욱이 새로운 아이디어를 생각해 내는데, 서툴게 되기 마련이다. 예를 들어, 일본의 극우파 사람들이 독도는 일본 땅이라고 계속해서 주장하면서 독도에 배를 타고 가겠다라는 말을 종종 하곤 한다. 이러한 일본의 주장은 우리나라 정부나 정치인들에게는 신경을 거슬

리는 일임에 틀림없다. 그런데, 최근에 또 다시 어느 일본 정치인이 독도를 방문하겠다고 발표하자 국내의 어느 정당 대표는 독도에 해병대나 군을 주둔시키자는 주장을 했다. 또 과거에 우리나라 정부의 어느 고위 관리는 독도를 방문하려는 일본 배가 독도에 접근하면 부숴 버리자는 과격한 주장을 했던 적도 있었다고 한다. 가만히 생각해 보면, 이러한 주장들이야 말로 표면적인 문제 인식과 평면적 사고의 전형적인 모습을 보여주고 있지 않나 생각한다. 실제로 해병대원들을 독도에 주둔시켰다고 해서 일본인들이 독도에 대한 주장을 철회할까? 아니면 어떤 차이가 생길까? 그리고 독도에 접근하는 일본 배를 파괴시킨다면 과연 국제사회로부터 공감과 지지를 얻을 수 있을까? 이러한 질문들로 다양한 시각에서 이 문제를 인식하고 사고해야 과거와는 다른 새로운 해결책을 찾을 수 있지 않을까 생각한다.

또 한 가지 예로 최근에 학생의 무상급식에 대한 논쟁과 이슈를 생각해 보자. 무상급식을 시행하는 것과 관련하여 대두되는 중요한 문제 중의 하나는 왜 부유층의 학생들에게까지 무상급식을 시행해야 하는 것이다. 많은 사람들이 형평성의 문제를 들어 모든 학생을 대상으로 하는 전면적 무상급식을 반대하고 있다. 그래서 대상학생을 선별하여 무상급식을 제공해야 한다는 목소리가 높아지고 있다. 그런데 문제는 대상이 될 학생들과 그렇지 않은 학생들 사이에 어떤 기준으로 선을 그어야 하는 가이다. 이런 선은 어디에 그어도 문제가 생기기 마련이다. 그렇다면, 여기서 중요하게 생각해 보아야 할 것은 선별적 무상급식을 시행하고자 할 때 선을 어디에서 그을 것인가라는 문제로 인식하는 대신에 어떻게 선을 그을 것인가라는 문제로 본다면 해결책이 달라질 수도 있다. 이는 사전에 특정 기준을 가지고 선을 긋는 것보다는, 무상급식 대상에서 제외될 수 있는 부유층를 대상으로 그들에게 무엇을 어떻게 해주면 무상급식을 자발적으로 포기하고 그러한 지자체의 결정을 기꺼이 수용하게 할 것인가를 핵심 문제로 고민해 볼 수 있다. 어떤 유인을 어떻게 얼마나 제공하면 무상급식을 스스로 포기하면서도 불만을 없게 할 것인가를 고민해 보면, 사후적으로 적절한 선을 찾을 수 있는 좋은 해결책이 나올 수도 있을 것이다.

기업에서 일하는 실무자들에게서도 유사한 현상들이 흔히 관찰된다. 경영진이 올해 어떤 성과를 냈느냐고 물어 보면 신상품 5개를 출시했다는 것을 성과로 얘기 하는 실무자들이 있다. 신상품 출시를 통해 궁극적으로 나타난 시장에서의 성과를 생각하고 답변해야 하는데, 질문을 표면적으로 인식하여 단편적으로 답변을 제시하는 사람을 보곤 한다. 또 다른 예로, 해외사업을 위해 영어가 가능한 인력을 보강하자고 하면, 바로 조기 유학자 또는 미국에서의 장기 거주자들을 확보하자고 제안하는 실무자들도 있다. 과연 조기 유학자나 미국의 장기 거주자들을 확보하면 그들이 실제 기대했던 대로 일을 잘 할 수 있을지, 예상되는 문제점이나 부작용은 없는지를 깊이 생각해 보지도 않고 표면적인 문제 인식과 즉각적인 사고에서 나온 제안을 들어 보면 지나칠 정도로 평면적인 사고에서 출발하고 있지 않은가 하는 생각이 들기도 한다.

이렇게 표면적 문제 인식과 평면적 사고로 고착화된 습관은 실제로 개인이 창의적 아이디어를 얻기 위한 사고 활동을 할 때 사고에 걸림돌이 되므로, 생산적인 창의 활동을 위해서는 반드시 극복해야 하는 장애 요인이다. 이를 위해 문제/사물에 대한 근본적인 고찰을 통해 그 문제/사물을 구성하고 있는 여러 차원에 대해 깊이 이해하고 문제를 해결하기 위한 창의적 솔루션을 찾아내야 한다. 창의적인 솔루션을 찾았다 해도 그 솔루션을 실행할 때 생겨날 수 있는 문제점 또는 부작용 등까지 감안하는 입체적 사고 (Multi-dimensional Thinking)가 필요하다. 예를 들어, 스마트폰을 생각해 보면, 스마트 폰은 1차원에서는 외형과 관련된 디자인(모양, 크기, 두께 등), 색상, 재질 등을 생각해보고, 2차원에서는 기능의 Infrasturcture가 되는 OS(Operatimg System)를 포함하여 Application, 처리 속도(Processing Speed) 등을 살펴보고, 3차원에서는 스마트 폰이 사용자에게 주는 실질적 혜택의 관점에서 편리함, 시간 절약, 그리고 접하고 싶은 모든 것들과 항상 연결되어 있고 이를 통해 실시간으로 소통하고 반응할 수 있게 해주는 혜택 등을, 4차원에서는 스마트 폰이 제공하는 재미, 안심/위안, 이미지 구현, 심리적 니즈 충족 등의 감성적/심리적 혜택을 그리고 마지막 차원으로 Online와 Offline간의 경계를 허무는 스마트 폰의 역할 또는 스마트 폰이 가져온 변화 등과 더불어 스마트 폰이 가져온 부작용 그리고 이에 대한 대처 방안 등으로 나누어 다차원적인 사고를 실행해 보는 것이 창의적 아이디어를 얻는데 많은 도움이 된다.

이렇게 한 가지 측면에서만 문제를 보지 않고 여러 측면에서 사고의 공간적 범위를 확장하여 생각하는 것은 물론 공간적 확장을 넘어, 동적인 사고가 될 수 있게 시간적 범위까지 사고를 확장하면 창조적 사고의 여지를 더욱 넓힐 수 있다. 과거의 성공 경험을 계속 적용한다는 것은 정적인 사고(Static Thinking)를 동적인 현실 속에서 반복 적용한다는 것을 의미하는데, 변화하는 현실을 반영하는 동적인 사고(Dynamic Thinking)를 하지 못한다면 실제로 현실에 맞는 창의적 아이디어를 내기는 어려울 것이다. 이렇게 평면적인 사고를 넘어 사고의 범위를 공간적으로 또 시간적으로 확장할 때 창조적 사고의 영역은 더욱 넓어져 창의적이고 유용한 아이디어를 얻을 가능성은 한층 높아질 것이다.

③ 고객의 불편과 고충에 대한 공감(Empathy) 결핍

많은 소비자들은 피부 건조 등을 피하고 피부를 보호하기위해 Lotion을 쓰고 있다. 그런데, 펌프(Pump)가 있는 용기에 들어있는 Lotion을 사용하다 보면, 대부분의 경우 밑의 사진에서 볼 수 있듯이, 용기 벽면에 Lotion이 남아 있게 되어 아무리 Pumping을 해도 남아 있는 Lotion이 나오질 않아 사용할 수 없는 상태가 되어 Lotion의 낭비로 이어지곤 한다. 이때 마다 소비자는 아쉬움과 아깝다는 느낌으로 심리적 불편을 느끼기도 하고 때론 짜증이 난다고 한다. 심지어, Pump가 고장이 난 경우에는 소비자들의 이러한 불편 또는 고충이 더욱 심하게 될 것이다.

〈어느 CEO와 대화〉

C실장 : 사장님! 저는 우리가 이러한 Lotion용기에서 고객이 겪고 있는 Pain Point에 민감했으면 합니다. Lotion을 쓸 때 용기에 남은 것을 모아서 소진하고 싶은데, 남은 것을 모으기도 어렵게 용기가 설계되어 있어 실제로 매우 성가시고, 안 쓰고 버리자니 심리적인 불편함이 느껴집니다. 용기 밑부분을 경사지게 설계하여 남은 Lotion이 한 곳으로 모이게 하던지 아니면 어떤 형태로든 이런 Pain Point를 해결해 주면 얼마나 좋을까요? 그렇게 어려운 일 같아 보이지는 않는데요..

Pump가 고장난 Lotion 용기

C사장 : 맞아요. 우리 직원들이 고객의 Pain Point에 공감하질 못해서 그래요. 저도 직원들한테 그런 얘기를 하면 그들은 나에게 "사장님, 새것 가져다 드릴까요?"합니다. 참, 할 말이 없어져요. 고객의 Pain Point를 자신의 Pain Point로 공감하는 능력이 절대적으로 부족해요. 그래서 저도 고민입니다.

화장품 소비자들을 대상으로 실시했던 어느 소비자 좌담회(Focus Group Interview)에서 나온 대화를 밑에 인용해 보았다. 여기 나온 소비자 고객들의 대화를 살펴보면, 그들이 Pump 스타일로 된 Lotion용기로부터 겪는 불편/고충을 실감할 수 있다. 모르긴 몰라도 많은 독자들도 직접 겪어보거나 느껴본 것인지도 모르겠다.

사회자 : 기초 화장품은 어떠세요?

김OO : 아이 크림이나 그런 거는 바르기 편하게 떠서 바르는게 아니고 주사기로 요즘 나오는 그런 걸로 나오는 거 같아요. 오히려.

김@@ : ○○ 용기도 색상이나 이런 거는 되게 마음에 드는 편이거든요. 그런데 기초 화장품 같은 경우에는 병이 누르는 거에요. 이게 단점이 아랫 부분쯤 가면 안 나온다라는 거에요.. 그게 짜증나요! 그거 빼고 색상이나 이런 거는 전반적으로 마음에 들어요.

김%% : 오히려 ○○○라고 스킨 바르기 전에 바르는 게 있어요.. 누르면 반은 손에 떨어지고 반은 튀어 나와요. 용기가 누르는 게 빡빡해요. 그러니까 반은 나가니까 반은 버리는 셈이라서...

김&& : 조심 하지 않으면 튀는 경향이 있어요.

사회자 : 만족스러운 것도 있고 불만족스러운 것도 있잖아요.. 자유롭게 전체적으로 이런 거는 만족스러운데 이런 거는 불만족스러워요.. 어떠세요?

한** : 펌프식이 안 좋은 것 같아요.. 눌렀을 때 바로 위로 올라와야 하는데 한 번 누르고 또 누르면 그냥 안 나오고 거기서 멈춰 버리니까.

김## : ㅁㅁㅁ은 펌핑이 좋기든요.. 입구가 크지 않으니까 이렇게 하면 잘 안 나와요.. 그러면 손에 대고 해야 하거든요.. 스킨도 펌핑하면 불편함이 있지만 잘 이렇게 모아서 하면 되니까.

...

그런데, 이러한 문제를 해결해 줄 수 있는 용기는 아직도 우리 주위에서는 흔하지 않은 것 같다. 그렇다면, 주위에서 보는 Lotion의 용기는 왜 그렇게 설계 되어 있을까? 그것은 Lotion 용기 제조업체 또는 공급자들이 소비자 고객들이 느끼는 이러한 불편/고충에 깊이 공감하지 못해 용기 설계를 바꾸려는 생각을 아직 못하고 있기 때문이라고 생각한다. 공급자들이 알고는 있는데 이 문제를 해결할 새로운 용기를 만드는데 드는 비용이 커다란 부담이 되어 하지 못하고 있다고 말하는 사람도 있다. 물론, 그럴수도 있다. 그러나 공급자들이 고객들이 겪고 있는 이 문제를 진정 공감하고 해결해 주겠다는 간절한 마음이 있다면, 제조비용의 부담은 어떤 방법으로든 해결할 수 있으리라 생각한다. 이렇게 사람은 자신 이외의 다른 사람들이 겪고 있는 불편/고충을 함께 느끼고 공감하지 못한다면, 이를 해결하기 위해 기존과는 다른 새로운 생각을 한다는 것은 절대로 쉬운 일이 아니다. 그렇기에, 이러한 고객의 불편과 고충에 대한 공감 결핍은 바로 개인의 창조적 사고 활동을 방해하는 또 하나의 걸림돌인 것이다.

위의 용기에 대한 경우와는 대조적으로, 소비자나 고객들의 불편과 고충에 공감하고, 이를 해결해 주기 위해 철저히 고객들의 관점에서 고민하여 독창적인 아이디어를 찾고 이를 제품으로 연결시켜 시장에서 좋은 반응을 얻는 사례가 종종 나타난다. 요즈음 국내에서는 사람들이 술을 마실 때 소주와 맥주를 섞어 마시는 일종의 폭탄주가 유행하고 있다. 그런데, 소주와 맥주를 어떠한 비율로 섞는가에 따라 폭탄주의 맛이 달라진다. 여기서 불편을

 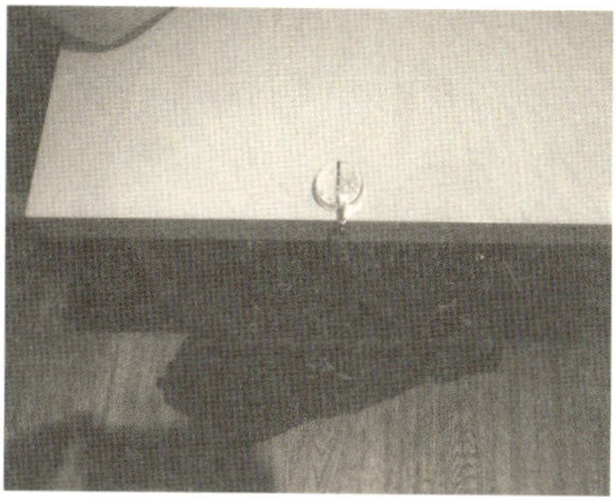

느낀 어떤 사람이 (모르긴 몰라도 술을 무척이나 좋아하는 사람이) 순한 맛, 강한 맛 등을 구분하여 즐길 수 있게 섞는 소주량과 맥주량의 비율을 눈금으로 표시한 소맥잔을 최근에 출시하여 하루에 몇 천 개씩 팔려나간다는 이야기를 들은 적이 있다. 또 한 가지 사례를 소개해 보면, 여성 고객들은 레스토랑에 가서 식사를 할 때, 그들이 가지고 다니는 Handbag 둘 곳이 마땅치가 않다고 한다. 앉는 의자에 같이 두면 앉기가 불편하고, 지저분한 바닥에 두자니 뭔가 석연치 않고, 의자에 걸면 지나가는 사람에게 치이곤 한다고 한다. 그래서 이런 여성들의 문제를 공감하고 이를 해결해 주고자 사진에서 보는 것과 같은 Handbag Holder가 등장하여 큰 인기를 끌고 있어 구하기가 힘들 정도라고 한다.

이와 같이 고객들의 불편/고충에 공감할 수 없다면 고객가치 창조를 위한 창조적 사고의 시작도 어렵고 이에 대한 창의적 아이디어나 솔루션을 발상해내기 쉽지 않다. 그러므로, 개인이 창의적인 아이디어를 얻고자 창조적 사고 활동을 해 나갈 때는 주위에 있는 고객들의 불편/고충을 세심히 관찰하고 공감하려는 노력을 의식적으로 해나가야 할 것이다.

④ 개인의 창의 활동에 적합한 환경과 여건 결여

창조적 사고를 실제로 진행하는 실행단계에서 개인의 창의 발현이 잘 안 된다면 또 다른 창조적 사고를 하는 개인이 처한 환경이나 여건이 부적합하기 때문일 수도 있다. 사람이 창의적 아이디어를 내기 위해서는 집중해서 생각할 수 있고 창조적 사고 활동을 도와 줄 수 있는 환경과 여건이 조성되어야 하는데 실상은 개인에게 그러한 환경과 여건이 마련되지 못해 창조적 사고 활동이 잘 안 되는 경우가 많다.

개인의 창조적 사고 활동이 효과적으로 진행되기 위해서는 집중해서 생각할 수 있는 시간도 충분히 주어져야 하는데, 다른 일을 병행해서 해야 한다면 창의적 아이디어를 내기 위한 시간적 여건이 결여되어 있으므로 그 만큼 개인의 창의 발현은 현실적으로 어려워질 수 밖에 없다. 그리고 개인이 시간을 내어 창조적 사고를 할 때에도 효과적인 사고 활동이 될 수 있도록 도움이 될 수 있는 도구/기구, 생각을 주고 받을 수 있는 사람들, 창의를 위해 필요한 물리적 환경도 잘 갖추어 지면 질수록 개인이 창의적 아이디어를 낼 가능성은 높아 질 것이다. 더욱이, 이러한 창조적 사고 활동을 하면서도 재미와 즐거움, 주위로부터의 정신적 지원, 격려, 작은 인정과 칭찬 등의 유인이 제공될 수 있는 환경이 조성된다면 창의적 아이디어의 발현은 더욱 탄력을 받게 될 것이다.

또한 실행 단계에서 일차적으로 얻게 되는 창의적 아이디어는, 필자의 관찰과 경험에 비추어보면, 어설픈 상태로 구체성이 낮아 바로 적용하기가 어려운 경우가 많다. 따라서, 이 실행 단계에서 얻는 초기 아이디어를 연마하고 살을 붙여 실제로 적용 가능한 수준까지 완성도를 높여야 한다. 이를 위해서는, 물론 개인의 노력으로 많은 부분 개선될 수도 있지만, 자신과 다른 시각에서 나오는 반응이나 의견을 줄 수 있는 주위의 전문가들에게 자신의 아이디어를 공유하여 조언을 받아 보는 것도 매우 유익한 경우가 많다. 그러므로 개인이 창조적 사고를 할 때 자신의 생각을 수시로 나누고 이러한 Feedback을 가능하면 즉각적으로, 아니면 빠른 시간 내에 받을 수 있는 여건이 형성되어 있다면 그만큼 창의적 아이디어의 발현은 빨라질 수 있을 것이다.

⑤ 창의적 아이디어가 나오지 않을 때도 지속할 수 있는 자제력/인내심의 부족

한 동안 찾고자 노력해 왔던 아이디어를 꿈에서 얻었다고 얘기하는 사람들을 주위에서 가끔 볼 때가 있다. 이러한 얘기를 곰곰이 생각해 보면, 뇌의 사고 활동은 사람이 의식적으로 생각하는 동안에는 물론 잠을 자는 무의식 상태에서도 계속되다가 꿈을 꾸던 중 어느 순간 갑자기 찾던 아이디어가 떠오르게 되었다는 것이다.

이렇게 창의적 아이디어라는 것은 사람의 의지와는 직접 연결되지 않는 무의식과도 깊은 관련이 있기 때문에 사람의 직접적인 통제를 넘어 진행되는 뇌의 활동의 결과로 얻어지는 것이라 할 수 있다. 또한, 창의적 아이디어는 언제 나타날지 예측도 할 수 없기 때문에 사전에 계획할 수 있는 것도 아니다. 더욱이, 사람의 창의는 수 많은 요소로부터 영향을 받는데, 어떤 요소가 어떻게 영향을 미치고 그 결과로 어떠한 현상이 나타나는지는 잘 알려져 있지 않아, 무엇이 진정 창의적 아이디어의 발현을 초래하는지, 그리고 그렇게 하려면 무엇을 어떻게 해야 하는지에 대해 알려진 지식이 절대적으로 부족하다고 하겠다. 그렇기에, 창의적 아이디어는 본원적으로 무질서해 보이고 난해한 정신적 사고 활동의 산물이라 할 정도로 알려진 바도 많지 않으므로 창조적 사고는 본질적으로 실행이 어려운 특성을 가지고 있다고 하겠다.

이렇게 본질적으로 어려운 창조적 사고 활동을 진행 할 때에는 예상하지 못했던 어려움이 발생할 수도 있고 생각했던 것만큼 새로운 아이디어가 떠오르지 않아 심리적으로 침체되거나 육체적으로 지칠 수도 있다. 그러므로, 창조적 사고의 실행 단계에서는 실제로 생각하는 과정에서 발생하는 이러한 어려움을 극복할 수 있는 자제력과 더불어, 혼란과 무질서 가운데 예상치도 못했던 시점에 창의적 아이디어가 홀연히 떠오를 때까지 많은 시간을 참고 기다릴 수 있는 인내심이 절대적으로 필요한데, 창의 활동을 하는 개인이 이러한 자제력과 인내심이 부족하여 중단하는 경우가 발생하곤 하는데 이것이 실행 단계에서 또 다른 걸림돌이 되곤 한다. 실행 단계에서 나타날 이런 어려움을 극복하기 위해서는 자신이 창의 활동을 시작할 때 가졌던 목적의식을 지속적으로 상기하면서 스스로에게 동기부여를 새로이 해 나가야 할 것이다.

⑥ 자신에 대한 확신 또는 할 수 있다는 자신감 상실

독창적인 아이디어를 도출해 내는 작업을 실행하는 개인은 본원적으로 쉽지 않은 작업을 하고 있고 또 이 작업을 통해 얻고자 하는 아이디어가 언제 떠오를지도 알 수 없는 상태에서 사고 활동을 지속해 나가야 한다. 그러나, 이러한 사고 활동은 막연한 기대 하에서 장기간 지속될 수도 있기 때문에 정신적 비용이 증가할 뿐 아니라 창의적 아이디어를 도출해야 한다는 부담감도 갈수록 커질 수 있다. 그렇게 되면, 이 일로부터 얻는 재미 또는 즐거움 같은 내재적 동기나 일의 당위성에 대한 공감도 잃게 될 수 있고 창의적 아이디어를 도출하는 활동에도 자신감을 잃게 되어 마지못해 억지로 하게 되는 작업이 되어 버릴 수도 있다. 이러한 상황 속에서 창의적 사고 활동을 하는 개인이 해낼 수 있다는 확신이 약해져 자신감을 잃게 된다면, 창의적 아이디어를 기대하기는 어려워진다. 그러므로, 이러한 자신감의 상실은 창조적 사고의 실행 과정에서 커다란 장애물이 될 수 있다.

여기서 언급하고 싶은 것은 개인의 창의 또는 창의력은 있다/없다로 양분되는 것이 아니라 정도의 문제라는 것이다. 다시 말하면, 누구든지 잠재되어 있는 창의성을 가지고 있기에 창의적인 아이디어를 발현할 수 있다는 것이다. 그러므로, 나도 얼마든지 할 수 있다는 자기 확신을 가지고 실제로 무엇을 어떻게 하면 자신에게 잠재되어 있는 창의를 발현할 수 있는가에 초점을 맞추어 나가야 할 것이다. 결국, 자신의 잠재되어 있는 창의성을 일깨우는 사람에게서 창의적 아이디어는 나올 것이므로, 나도 할 수 있다는 자신감 또는 자신에 대한 확신 (Faith in Oneself)을 가지고 사고 활동에 임하는 사람만이 창의적 아이디어를 발현할 수 있으리라 생각한다.

iv) 평가/확인단계에서 개인의 창의가 잘 안 되는 이유/걸림돌

창의적 아이디어 탄생 과정의 마지막 단계가 되는 평가/확인이라는 활동은 발현된 새로운 아이디어가 실제로 목적에 부합하고 얼마나 적용 가능한 지를 평가/확인하여 아이디어를 구현할 것인가에 대한 의사결정을 하는 과정이라 할 수 있다. 그런데 이 평가/확인 활동은 고객가치 창조를 위해 중요한 의미를 가지고 있는 단계이다. 아무리 새로운 아이디어를 찾아냈다 하더라도 어떠한 이유로든 그 아이디어가 실제로 적용 가능하여 가시적인 성과를 낼 것으로 평가/확인되지 못 한다면 아무런 의미가 없다.

기업에서 개인이 신제품으로 연결될 수 있는 독창적인 아이디어를 제안했다 하더라도 평가자나 의사결정자가 그 아이디어의 잠재된 가치를 올바로 인식하지 못하면 그 아이디어가 수용되지 못하는 결과가 나올 수 있다. 하나의 예를 생각해 보면, 위치정보 서비스로 성공한 '포스퀘어(Foursquare)'의 개발자 데니스 크롤리(Dennis Crowley)[8]는 뉴욕대 재학 시절에 자신이 개발한 위치기반 SNS (Location-based SNS)인 닷지볼 서비스(Dodge Ball Service)를 2005년에 구글에 매각하고, 구글에 합류했다. 하지만 구글은 그의 위치정보 SNS에 주목하지 않았고, 크롤리는 구글을 나와 포스퀘어를 개발하여 시장에서 고객으로부터 인정을 받게 되었다. 구글은 2009년 닷지볼 서비스를 중단했고, 반면 크롤리는 포스퀘어로 이미 큰 성공을 이루었을 뿐 아니라 앞으로도 계속 성장할 것으로 보인다. 결국, 구글이 크롤리의 아이디어가 가진 엄청난 가치를 알아보지 못하고 놓친 결과가 된 것이다.

또 한 가지 국내에서도 잘 알려진 사례를 들어보면, 구글(Google)은 Apple의 폐쇄형 스마트 폰 운영체계(Operating System 또는 간단히 OS)와는 달리, 개방형 운영체계인 Android가 향후에 폭 넓게 활용될 것을 올바로 내다보고 이를 인수하는데 성공하여 스마트 폰 사업에 경쟁 우위를 확보 할 수 있었다. 그리고 이러한 시장변화를 빨리 인지한 대만기업인 htc는 일찍이 Android를 받아들여 스마트 폰 시장에 대응함으로써 한국기업들에 비하면 규모/인력/자원 면에서 비교가 안될 정도로 작은 기업임에도 불구하고 글로벌 스마트 폰 시장에서 급속한 성장을 이룰 수 있었다는 사실은 이미 잘 알려져 있다. 한편, 대세가 되어 가고 있던 스마트 폰의 잠재력을 인식하지 못하여, 시장의 변화 방향을 제대로 포착

8 머니 투데이 2011년 8월 19일 온라인 신문

지동설을 주장한 Galileo Galilei 동상 앞에서, 피렌체의 Uffizi 미술관, Italy

하지 못한 한국 휴대폰 제조업체들은 어떤 이유로든 구글이 인수하기 전에 Android를 개발한 업체와 여러 번의 접촉이 있었음에도 불구하고 Android OS 활용이 늦어졌고 결국 스마트 폰 시장 변화에 늑장 대응을 하게 된 것이다.

오래 전 역사 속에서도 이렇게 새로운 아이디어나 제안을 올바로 평가하지 못한 사건은 어렵지 않게 찾아 볼 수 있다. 역사에 기록된 갈릴레오(Galileo Galilei, 1564-1642)의 지동설을 생각해보면, 그 당시에는 거의 모든 사람들이 천동설을 믿고 있었다. 비록 갈릴레오의 생각이 옳고 새로운 아이디어였지만 당시 사람들의 믿음 또는 고정관념이 너무 강해 지동설의 실체를 올바로 인식하지 못하여 수용되지 못했던 것이다.

이러한 실례들에서 볼 수 있듯이, 창의적 아이디어는 평가/확인을 거쳐 수용되지 않는다면 꽃 피울 수 없는 것이다. 이런 관점에서 보면, 창의적 아이디어를 올바로 평가/확인하고 그 아이디어의 잠재적 가치까지 알아 볼 수 있는 평가자/수용자는 고객가치 창조의 전체 과정에 있어서 없어서는 안 될 핵심적인 역할을 담당한다고 할 수 있기 때문에 평가자/수용자의 중요성은 아무리 강조해도 지나치지 않을 것이다.

그런데, 이렇게 새로운 아이디어의 평가가 어떠한 수용자에 의해 이루어지느냐에 따라 결과가 달라진다면, 잠재력 있는 창의적 아이디어가 수용되지 못할 수 있는 가능성은 상존해 있으므로 이러한 손실을 막기 위해서는 체계적이고 최대한 객관적인 평가가 이루어 질 수 있어야 한다. 이러한 평가를 위해서는 평가 프로세스 내에서 아이디어를 낸 사람은 물론 어느 누가 평가하더라도 수렴되는 결과가 나올 수 있는 체계적인 평가표가 필요한데 다음과 같은 평가표를 하나의 예로 제시해보고자 한다.

도출된 새로운 아이디어를 평가해 보기 위해서는 고객관점에서 ① 고객가치 수준을 나타내는 수용도/구매의향, 기업의 내부관점에서 ② 실제 구현 가능성 ③ 새롭다는 것을 포함한 차별성, 그리고 기업외부의 경쟁관점에서 ④ (제품/기술) 모방 가능성 또는 대체 가능성이라는 기본적으로 꼭 포함되어야 하는 기준을 중심으로 평가해보아 어느 수준으로 평가되는 지를 확인해 보는 것이 필요하다. 이러한 평가를 타인들로부터 받기 전에 무엇보다도 먼저 아이디어를 발현한 자신이 자가 평가를 통해 아이디어의 가능성을 확인해 보는 것을 꼭 제안하고자 한다. 아이디어를 낸 자신이 확신을 가지지 못하는 것이라면 타인에게 좋은 평가를 받기도 어렵고 그들에게 시간 낭비가 되는 경우가 실제로 적지 않다. 그리고 자가 평가를 통해 자신의 아이디어가 가지고 있는 강점을 이해할 수 있고 보완해야 할 단점도 파악할 수 있어 아이디어를 개선하는데 많은 도움이 될 것이다. 따라서, 창의적 아이디어를 낸 자신이 먼저 거쳐온 사고 과정을 의식적으로 노력하여

▮아이디어 평가표의 예시

	척도 / 평가항목	1	2	3	4	5
고객 관점	고객가치 수준을 나타내는 고객의 수용 가능성	기존 수준에도 못 미치는 정도	기존 수준 정도	기존 수준을 약간 상회하는 정도	기존 수준을 상당히 상회하는 정도	기존 수준을 획기적으로 상회하는 정도
기업 관점	실제 구현 가능성	현재 보유 역량(내부+외부)으로는 달성이 불가능한 수준	현재 보유역량(내부+외부)으로 달성은 가능하나 1년 이상의 많은 시간이 필요한 수준	현재 보유역량(내부+외부)으로 달성은 가능하나 1년 정도의 시간이 필요한 수준	현재 보유역량(내부+외부)으로 달성은 가능하나 6개월 정도의 시간이 필요한 수준	현재의 내부역량만으로도 6개월 이내에 가능한 수준
	새롭다는 것을 포함한 차별성	기존 수준에도 못 미치는 정도	기존 수준 정도	기존 수준을 약간 상회하는 정도	기존 수준을 상당히 상회하는 정도	기존 수준을 획기적으로 상회하는 정도
경쟁 관점	(제품/기술) 모방 가능성 또는 대체 가능성	현재 경쟁사들의 예측 가능한 내부 역량만으로도 6개월 안에 모방/대체가 가능한 수준	현재 경쟁사들의 예측 가능한 내부 역량(내부+외부)으로는 모방/대체하는데 1년 이하 정도의 시간이 필요한 수준	현재 경쟁사들의 예측 가능한 내부 역량(내부+외부)으로는 모방/대체하는데 1년 정도의 시간이 필요한 수준	현재 경쟁사들의 예측 가능한 내부 역량(내부+외부)으로는 모방/대체하는데 1년 이상의 많은 시간이 필요한 수준	현재 경쟁사들의 예측 가능한 내부 역량(내부+외부)으로는 모방/대체가 거의 불가능한 수준

잊어버림으로써 자신의 아이디어에 대한 애착을 분리시키고 가능한 객관적인 입장에서 아이디어를 엄격히 평가해 보는 것이 좋다. 다른 사람들의 평가를 받을 때는 한 두 사람으로부터 평가

를 받는 것보다 다양한 시각을 가진 다수의 사람으로부터 충분한 평가를 받는 것이 대표성을 확보할 수 있어 바람직하다. 또한 고객 관점에서의 평가는 목표고객이나 잠재고객들로부터 직접 받아 보는 것도 매우 효과적인 평가가 될 수 있을 것이다. 앞에서 제시한 평가표가 더불어 이렇게 가능한 객관적으로 그리고 체계적으로 아이디어를 평가하면, 올바른 평가를 받지 못해 아이디어가 사장되는 경우를 방지하는 동시에 발현된 아이디어의 전반적 수준 그리고 개선점 등을 찾아 낼 수 있어 창의의 평가/확인 단계에서 발생할 수 있는 걸림돌을 해소할 수 있을 것이다.

창조적 사고 과정의 마지막 단계인 평가/확인에 있어서, 한 가지 더 강조하고 싶은 것은 아이디어를 낸 사람이 그 아이디어가 수용될 때까지 열린 마음으로 지속적으로 소통하여 아이디어에 대해 다양한 사람들로부터 Feedback을 받고 드러난 문제점을 극복하기 위해 집요한 노력을 경주해야 한다는 것이다. 진정 의미 있는 아이디어의 발현은 단순히 새로운 아이디어를 발상하여 제안하는 것을 넘어, 그 아이디어의 수용을 관철시킬 때 비로소 이루어지는 것이다. 그러므로, 저항과 위험을 감수하면서 아이디어가 최종적으로 수용될 때까지 평가자/수용자/의사결정자와 끊임없이 소통하고 그들이 요구하는 아이디어의 개선을 위해 부단히 노력해 나가는 사람에게서만 진정 창의는 실질적인 열매를 맺을 수 있다는 것을 강조하고 싶다.

(3) 개인의 창의 발현을 위한 단계별 요건

앞에서는 개인이 창의적 아이디어를 발현할 때까지의 과정을 4 가지 단계로 나누어 논의해 보았는데, 여기서는 단계별로 개인의 창조적 사고에 걸림돌이 되는 것들을 다음의 표로 정리해 보았다. 여기서 언급하는 창조적 사고의 걸림돌은 다른 각도에서 보면 개인의 창의 발현을 위해 단계별로 반드시 갖추어져야 하는 요건이라 할 수 있고, 따라서 제시된 요건들이 충족되지 못했다는 것은 개인의 창의 발현이 잘되기 어렵다는 것을 말해 준다고 하겠다.

개인의 창의 발현 과정의 걸림돌에 비추어 도출한 단계별 요건

창의 발현 과정	창의 발현 과정의 단계별 걸림돌	창의 발현의 단계별 요건
i) 목적 설정	▸확고한 목적의식 결여 ▸구체적으로 설정된 목적의 명확한 인지 미흡 ▸목적의 필요성에 대한 깊은 공감결여 ▸일로부터 기대되는 재미/즐거움 같은 내재적 동기 부족 ▸성취에 대한 절박감 결핍 ▸필요로 하는 일에 몰입하고자 하는 열정 결여 ▸적절한 인정과 보상 등의 외재적 동기 부족 ▸자신이 할 수 있다는 자신감 결핍	▸확고한 목적의식
ii) 준비	▸창조적 사고에 대한 이해 부족 ▸창조적 사고를 위한 투입물 (정보/지식/자극) 부족 ▸학습과 훈련을 통해 갖추어진 창조적 사고 역량의 미흡	▸창조적 사고에 대한 올바른 이해 ▸창조적 사고를 위한 충분한 Input ▸훈련된 창조적 사고 역량

iii) 실행	▸ 직접 통제가 어려운 창조적 사고의 본원적 특성 ▸ 본능적으로 극복이 어려운 고정관념 또는 사고와 행동의 고착화 ▸ 획일적 교육에 의해 형성된 사고 방식으로 문제 인식/해결을 위한 입체적 사고 미흡 ▸ 고객의 불편/고충에 대한 공감 부족으로 인한 사고 민감성 결여 ▸ 창조적 사고 활동을 하는데 부적합한 여건/환경 ▸ 사고를 위한 시간과 자원 ▸ 접하고 있는 문화적 여건 ▸ 집중적 사고를 위한 물리적 환경 ▸ 창의적 아이디어가 나오지 않을 때도 지속할 수 있는 의지와 인내심과 감정까지도 다스릴 수 있는 자제력(Self-control)이나 해낼 수 있다는 자기 확신 (Faith in Oneself) 부족	▸ 문제 해결을 위한 입체적 사고 ▸ 사고 활동에 적합한 여건/환경 ▸ 지속할 수 있는 자제력과 자기확신
iv) 평가/확인	▸ 도출한 아이디어를 체계적이고 객관적으로 판단할 수 있는 평가표와 평가 도구 부족 ▸ 주위에서 신속하게 평가와 Feedback을 받을 수 있는 여건 미흡 ▸ 아이디어에 대한 지속적 소통과 수용될 때까지 집요한 개선노력 결핍 ▸ 열린 마음과 함께 다가올 변화를 이해하고 미래의 활용도를 포함하여 아이디어의 잠재성까지 내다 볼 수 있는 수용자 또는 의사결정자 부재	▸ 체계적인 아이디어 평가표와 평가 도구 ▸ 신속한 평가와 Feedback이 제공될 수 있는 평가/확인을 위한 여건/환경 ▸ 도출한 아이디어의 잠재력까지 식별할 수 있는 수용자

위의 표에서 볼 수 있는 바와 같이, 여기까지의 논의를 통해 밝혀 본 개인 차원의 창의 발현 과정의 단계별 요건은 이에 대한 연구를 수행해 온 학자들의 주장[9]과 많은 부분 일치할 뿐 아니라,

[9] 예로, Teresa Amabile (1998, HBR)라는 학자는 Creativity를 위해 필요로하는 것을 크게 3 가지로 나누어 설명하고 있는데, 그 3 가지는 Expertise, Creative Thinking Skills, Motivation/Passion이다.

더욱 포괄적이고 실천적인 면에서 구체적이라고 하겠다.

3 개인의 창의 발현을 위한 접근 방법

"저같이 평범한 사람도 창의적인 아이디어를 낼 수 있을까요?"

이 질문은 필자가 창의에 대한 연구를 진행하는 도중에 가장 많이 들어 보았던 질문이 아닌가 생각된다. 그래서 이 질문에 대해 몇 가지 생각해 보고자 한다. 무엇보다도 먼저, 저같이 평범한 사람도 창의적인 아이디어를 낼 수 있는가라는 이 질문에서 느낄 수 있는 것은 많은 사람들이 자신은 평범하다고 생각하는 것 같고 창의적인 아이디어는 평범하다고 생각되는 자신과는 다른 비범한 사람들만이 내는 것이라고 생각하고 있는 듯하다. 그리고, 그 비범함이라는 것은 왠지 선천적일 것이라는 막연한 생각을 가지고 있는 듯하다. 마지막으로, 이 질문을 하는 사람 본인도 창의적인 아이디어를 낼 수 있으면 좋겠다라는 갈망이 이 질문에서 간접적으로 느껴지고, 자신과 같이 평범한 사람이 창의적인 아이디어를 내기 위해서는 무엇을 해야 하는 지를 알고 싶어하는 것 같다. 위의 질문과 관련해 이러한 것들을 생각해 보면, 어쩌면 많은 사람들은 창의에 대해 선입견이나 그릇된 인식을 가지고 있는 것 같아 보인다. 사람은 개인의 차이에 따라 정도 차이는 있겠지만,

생각을 할 수 있는 사람이라면 누구나 창의의 잠재성은 가지고 있다. 사람의 창의성이란 있다/없다의 문제가 아니라 정도의 문제이다. 창의성이 부족하다고 느낀 사람은 어쩌면 창의에 대해 이해가 부족하거나, 그들의 잠재된 창의성이 정신적/심리적 요소 등의 내부적 요소와 물리적/문화적 요소를 포함한 여건/환경 등의 외부적 요소로 인해 갇혀 있었거나 또는 창의를 발현할 수 있는 학습/훈련을 별반 받아 보지 못했거나, 아니면 창의를 자유롭게 발현해 볼 기회도 많이 갖지 못해 창의에 익숙하지 않기 때문에 그렇게 느끼고 있는 것이 아닌가 생각한다.

그러나, 적절한 환경과 여건이 갖추어 진다면, 자신이 평범하다고 느끼는 사람들도 얼마든지 학습과 훈련을 통해 창의적 아이디어를 얼마든지 낼 수 있다. 다만, 잠재되어 있는 자신의 창의성을 어떻게 끄집어 낼 것인가가 관건이다. 관심, 기질, 성격 등에 있어서 선천적인 차이가 개인간에는 있을 수 있지만, 앞에서 살펴보았듯이 개인의 창의는 전적으로 자신의 확고한 목적의식과 이에 대해 약정한 노력(Committed Effort)이라는 실행에 달려있다고 믿는다. 지금까지 발표된 연구 결과와 필자의 직접 경험에 비추어 보면, 개인의 창의에서는 개인의 지적 능력보다 관심과 몰입이 더욱 중요하다. 그러므로 창의는 학습과 지속적인 훈련에 의해 개선될 수 있으며, 끊임없이 생각하고 노력하는 사람이라면 얼마든지 창의적인 아이디어를 낼 수 있다는 희망의 메시지를 전하고 싶다. 수 많은 발명을 통해 많은 창조적 산물을 만들어낸 토마스 에디슨을 포함하여 소위 천재라 불리우는 역사적 인물들로부터 창의를 위해서는 선천적인 특성보다는 후천적 학습과 노력이 훨씬 중요하다는 증거는 어렵지 않게 찾아 볼 수 있다는 사실은 이러한 메시지를 뒷받침 해준다고 하겠다. 개인이 습득할 수 있는 다른 기량과 마찬가지로, 창조적으로 사고하는 능력은 계발될 수 있는 개인의 기량 또는 스킬(Skill)이고, 이는 개인이 독창적 아이디어를 발현하는데 핵심적인 역할을 한다는 것을 다시 한 번 강조하고 싶다.

(1) 개인의 창의력을 높이기 위한 기법

여기서는 개인이 자신의 창의력을 높이는데 도움이 될 몇 가지 기법을 논의해 보고자 한다. 개인의 창의력은 선천적으로 주어진 것들에 의해서도 물론 영향을 받겠지만, 후천적으로 어떤 기법을 배우고 훈련 하는가에 따라 얼마든지 달라질 수 있다. 그래서, 여기서는 필자가 직접 활용해 본 경험을 바탕으로 개인의 창의력을 높일 수 있는 3가지 기법, 즉 관찰에 기반한 사고 기법, 문답에 기반한 사고 기법, 사고 유형을 응용한 사고 기법을 제안하고자 한다.

i) 관찰 사고기법

사람은 창조적으로 사고하기 위해서는 모든 것에 대해 열린 마음을 가지고 많은 관찰과 정보 탐색을 통해 생각의 자극이 될 수 있는 투입물을 가능한 많이 수집해야 한다. 이러한 사고의 투입물이 없다면 사고의 촉진이 잘 안되기 때문이다. 그런데 이러한 투입물 수집 과정에서도 즉각적으로 활용해 볼 수 있는 사고 기법은 관찰에 기반한 사고 기법이다. 예를 들어, 고객가치 창조를 위한 아이디어를 얻고자 할 때 정리된 보고서를 통해 간접적으로 고객을 접하고 이해할 수 있는 부분도 있겠지만, 고객을 직접 관찰하여 오감으로 느끼는 체험을 통해 얻게 되는 지식과 이해는 창조적 사고를 자극하는데 어느 것과도 비교할 수 없을 정도로 유용하다. 실상, 관찰만 잘해도 때론 독창적인 아이디어를 어렵지 않게 얻을 수도 있다.

사진에서 보듯이 박쥐의 형상과 특성을 면밀히 관찰하여 Radar에 대한 아이디어를 얻었다고 하고, 조개가 열리고 닫히는 모양을 관찰하여 Cargo 비행기가 설계되었다고 한다. 또 Henry

Ford가 발명한 자동차 조립생산 라인에 대한 아이디어는 바로 맥주 주조 공장의 Conveyer Systems와 가축 가공 공장의 Overhead Trolley에서 착안되었다고 하고, 반면 연꽃의 관찰을 통해 방수에 대한 영감을 얻은 사람도 있다고 한다. 또한 역사의 이야기로 잘 알려진 것으로 Newton은 사과가 땅에 떨어지는 것을 보고 만유인력의 법칙을 발견했다고 한다. 이렇게 과거에는 물론 현재까지도 주위의 발견과 발명은 직접 관찰을 통해 이루어진 것이 많다.

India's Mobile Phone Hitmaker

Micromax is grabbing market share from Nokia by giving Indian consumers what they want: inexpensive, quality phones with long battery life

By Mehul Srivastava

On a hot summer afternoon in 2007, executives at a small Indian pay phone company called Micromax noticed a curious sight. In a village in the eastern part of the country, they watched people line up next to a man with a car battery strapped to the back of his bicycle and hand him a few rupees to plug their cell phones in for a half hour's worth of charge. The villagers' homes didn't have electricity.

Less than a year later Micromax sold its first cell phone, the X1i. It came with an oversized battery, a small screen, and tweaked electronics that made the phone run for as long as five days, and on standby for as many as 30 days. "It was really the most obvious thing to do," says Vikas Jain, who co-founded the company in 1991 with three friends. "Here was something that provided customers a feature nobody else had bothered to give them—battery life."

Micromax, based in Gurgaon, a city near New Delhi, has introduced 37 phones in just over a year and a half, designing them in India and manufacturing with partners in China. The company has kept its phones affordable—they start at $40—and tailored to local tastes. Few Micromax handsets bother with Wi-Fi, 3G, or GPS capabilities, for example. That keeps costs down in a country where there isn't much Internet access and very little 3G coverage. One phone doubles as a Nintendo Wii-like controller, allowing users to play games on a television game console. Another, marketed heavily with Bollywood-themed TV commercials, has costume jewelry embedded in it and swivels open to reveal a full keyboard. Micromax is selling about 1 million handsets each month, or about 4 percent of the $6.3 billion Indian market; Indian phone makers as a group have grabbed 14 percent of the market, according to research by Indian trade magazine *Voice&Data*. That gain has come largely at the expense of global giant Nokia (NOK), whose share in India fell from 64 percent in 2008 to 52 percent by the end of last year. Jain says he plans to sell 30 million phones a year by the end of 2011—including 6 million in Africa and Latin America.

실제 사업에 있어서 고객가치 창조가 관찰을 통해 이루어진 인도의 Micromax 사례를 소개한 Business Week[10]의 기사를 보면, Micromax의 경영진들은 어느 여름날 인도의 동쪽에 있는 작은

10 Bloomberg Businessweek, August 12, 2010

마을에서 관찰한 광경에서 Customer Insight를 얻어 히트 상품이 된 휴대폰을 만들어 냈다고 한다. 자동차 배터리가 부착된 자전거 옆에 있는 사람에게 몇 Rupee를 지불하고 30분 정도 휴대폰 배터리를 충전하고자 줄을 서 있는 사람들을 관찰한 Micromax경영진들은그들의 집에 전기가 없다는 것을 알게 되었다. 그 후 1년 내에 Micromax는 최대 5일까지 사용할 수 있는 대용량 배터리가 장착된 휴대폰 X1i를 출시하여 Nokia의 시장점유율을 상당부분 잠식시킬 수 있었다고 한다.

위의 사례에서 보듯이, 관찰에 기반하여 창의적 아이디어를 얻는 사고기법은 관찰 활동과 연계하여 창조적 사고를 촉진하는데 매우 유용하고 발현되는 아이디어는 즉시 활용이 가능한 경우가 많다. 여기서, 한 가지 언급하고 싶은 것은 고객가치 창조를 위해 창조적 아이디어를 얻고자 한다면 관찰은 무엇보다도 고객들이 느끼는 불편이나 겪고 있는 고통(Pain)에서 시작하는 것이 효과적이다라는 것이다. 그 이유는 기대를 뛰어 넘는 서비스로부터 받는 기쁨 또는 기존에 없던 새로운 제품으로부터 얻는 즐거움도 분명 고객에게 만족을 주겠지만, 일반적으로 고객이 가지고 있는 불편이나 고통을 해소해 주는 Solution을 제공하면 고객에게 상대적으로 훨씬 더 큰 만족을 줄 수 있는 의미 있는 고객가치가 창조될 것이기 때문이다.

ii) 문답 사고기법

앞에서 논의한 관찰에 의한 기법만으로는 창조적 사고를 촉진하는데 충분하지 않을 수 있다. 이 때에는 관찰로 얻은 지식과 더불어 다른 투입물을 기반으로 하여 사고의 대상이 되는 것에 대해 스스로에게 질문을 꾸준히 던지고 답을 찾아가는 문답 중심의 사고기법을 활용하는 것이 창조적 사고를 활성화하는데 많은 도움이 될 수 있다. 역사를 보면, 소크라테스와 같은 현인들도 문답법을 자주 사용했다고 하는데, 사람은 질문을 통해 자신이 알고 있는 것과 모르는 것을 구별해 낼 수 있고, 스스로에게 묻고 답하는 과정에서 창조적 사고가 촉진되어 스스로 새로운 생각을 낳게 할 수 있기 때문이다. 그래서 이러한 문답법을 산파술(産婆術)이라 부르기도 한다.

개인적인 경험을 통해 언급하고 싶은 것은 창조적 사고의 대상이 되는 것에 대해 여러 가지 각도에서 다양한 질문을 해나가는 의지적인 노력을 지속하면 새로운 것을 찾는데 많은 도움이 된다는 것이다. 또한 이러한 문답 과정을 통해 모르는 것을 알아 갈 수 있기 때문에 창조적 사고를 위해 필요한 관련 정보나 지식이 다소 부족하다 하더라도 얼마든지 습득할 수 있고 이를 통해 창의적 아이디어를 발현할 가능성을 높일 수 있다고 본다. 그런데 이러한 문답법이 새로운 생각을 효과적으로 유도하기 위해서는 구조화된 논리에 기반하여 전체적인 사고 체계를 가지고 진행해야 한다. 물론, 문답법을 손쉽게 적용하여 궁금한 것을 파악하는데 활용할 수도 있겠지만 단순히 모르는 것을 보완하는 수준을 넘어 새로운 생각을 촉진하기 위해서는 사고체계의 밑그림을 가지고 질문과 답변을 체계적으로 해나가는 것이 아이디어를 낳는데 효과적이다.

iii) 응용 사고기법

깊은 관찰과 더불어 많은 질문을 스스로에게 해 본 후에도 창의적 아이디어는 쉽게 떠오르지 않는 것이 다반사이다. 그렇게 되면, 그 다음은 어디서 무엇을 어떻게 해서 창의적 아이디어를 내야 하는지에 대해 막연하게 느껴지기도 한다. 이런 상황이 되면 여러 가지 사고 유형을 응용한 사고 기법을 사용하여 새로운 단서를 얻도록 시도해 보는 것을 제안해 보고자 한다.

무작위적인 생각을 하거나 아무렇게나 머릿속에 떠오르는 대로 질문하면서 아이디어를 얻으려 하는 것보다는, 예를 들어, 익숙한 것들을 낯선 것으로 뒤집어 생각해 보는 역사고 기법(Reverse Thinking)도 창의적 아이디어를 착상해 내는데 매우 효과적일 수 있다. 그 이유는 사람은 이미 알고 있는 것에 대해서는 실제로 (고정관념 또는 경로 의존성에 의해) 생각하지 않는 경향이 강하다. 앞에서 논의한 것과 같이, 굳어진 사고 습관이나 익숙한 것에 지나치게 의존하는 경향은 창조적 사고에 걸림돌이 되므로, 익숙한 것을 낯선 것으로 과거와는 다른 시각에서 바라보고 다양하게 생각해 보는 기법은 창의 발현을 위해 많은 도움이 된다.

사고기법의 또 한 가지 예를 들어 보면, 설명하기 어려운 사물이나 이미 잘 알려지지 않아 낯설은 것을 이해하는 과정은 이미 알고 있는 것과의 비유를 통해 관련성을 찾음으로써 시작하는 연관 기법도 실제로 활용해보니 사고의 범위를 넓히고 새로운 생각을 얻는데 많은 도움이 된다는 것을 직접 경험할 수 있었다. 모든 사물은 어떻게라도 연결되어 있는데, 사람은 그 연결을 보지 못 하는 경우가 많이 있기 때문에 어떤 대상에 대해 창의적 아이디어를 찾으려고 씨름할 때 연관성의 범위를 넓혀보면 많은 것을 찾을 수 있는 것이라 생각한다. 이런 측면에서 보면 창의력이란 겉으로 보기에는 연관성이 없어 보이는 것들을 관련 지을 수 있거나 아니면 최소한 전에는 함께 보지 않았던 것들을 새롭고 흥미로울 수 있는 관계 안에서 바라볼 수 있는 능력이라고 할 수 있다. 물론, 이러한 응용 사고기법을 잘 모른다고 해서 독창적인 아이디어를 발현하지 못 하는 것은 아닐 것이다. 그러나 이미 다른 사람들의 경험을 통해 체계화된 사고 유형을 이해하고 이를 응용하여 사고하는 기법을 수단으로 활용한다면 창조적 사고 활동이 훨씬 더 효과적으로 진행될 수 있고 얻고자 하는 결과를 더욱 빨리 얻을 수 있다. 그리고 이러한 응용 사고 기법은 누구라도 배우고 반복 연습하면 습득할 수 있는 것이기 때문에 이를 통해 개인은 창의적 아이디어를 낼 수 있을 수준까지는 얼마든지 자신의 창의 역량을 높일 수 있는 것이다.

그런데, 이런 목적으로 활용될 수 있는 응용 사고기법은 혼란스러울 정도로 너무 많은데, 자신이 속해있는 분야에 맞고 가장 편리하게 사용할 수 있는 기법들을 선정하여 활용하는 것이 필요하다. 예를 들면, 과거에 발명된 산출물들을 유형별로 분류하여 40가지의 사고기법을 정리하여 소개하고 있는 러시아의 TRIZ라는 기법은 주로 R&D 분야를 중심으로 많이 활용되고 있어 다른 분야에 일하는 사람들에게나 범용적으로 사용하기엔 다소 어렵고 또한 고객 관점에서 사고기법이 개발된 것이 아니기 때문에 고객가치 창조와 관련성이 상대적으로 낮을 수 있다. 참고가 될 수 있게 문헌을 통해 알려진 다양한 응용 사고기법들을 밑에 정리하여 분류해 보았다.

- 역사고 기법 : 익숙한 것들을 낯선 것으로 뒤집어 생각해 보는 방법
- 재조명 기법 : 다양한 시각에서 문제를 재조명해 보아 아이디어를 도출하는 기법
- 비대칭/불균형 기법 : 문제에 관련된 사물에 대해 익숙하게 느껴지는 대칭/균형을 비대칭/불균형으로 바꾸어 생각해 보는 기법
- 연상 기법 : 문제에 대한 자유스러운 생각의 흐름을 중시하여 통제/비판 없이 상상력 또는 연상 능력을 발휘하여 연상되는 것을 생각해보는 기법
- 연관 기법 : 겉으로 보기에는 전혀 연관성이 없어 보이는 것 또는 상식적으로는 문제와 무관한 것들에 대하여 비약적 사고를 통해 강제적으로 관련성 또는 연결고리를 찾아 내는 연관 기법
- 분리 기법 : 문제와 관련된 정보/사물을 분리하여 사고하는 기법
- 조합 기법 : 문제와 관련된 정보/사물을 분리하고, 분리된 것들

을 다시 다른 형태로 조합/통합하여 새로운 정보/지식/아이디어를 구성해 보는 기법

- 추가 기법 : 문제의 대상이 되는 사물에 없던 속성을 추가하여 생각해 보는 기법
- 제외 기법 : 문제의 대상이 되는 사물에 있던 속성을 제외시키고 생각해 보는 기법
- 대체 기법 : 문제의 대상이 되는 사물의 특정 속성을 다른 것으로 대체하여 생각해 보는 기법
- 위의 기법들을 적절히 조합시킨 절충법 등등

위에서 언급된 다양한 창조적 사고 기법들의 공통점은 사람이 기억하고 있는 것과 연결이 끊어진 것들을 상기시키려고 고안된 사고 기법들이라 할 수 있다. 일반적으로, 사람은 과거에 무수히 많은 관찰과 경험을 했지만 현재 기억나는 것은 많지 않다. 사람이 과거에 겪었던 어떤 특정 사건이나 사물을 기억하지 못한다는 것은 현재 머리 속에서 기억하고 있는 것들과 연결이 끊어져 있다는 것이다. 하지만, 그러한 연결이 끊어져 기억이 안 나더라도 사람이 경험했던 것들은 무의식 또는 잠재의식 속에 저장되어 있는 것이다. 따라서 위에 나열한 창조적 사고기법들은 이 같이 연결이 끊어져 있지만, 잠재의식 속에 남아 있는 것들을 끌어낼 수 있도록 설계되어 있다. 그런데 이러한 사고기법들은 실로 무척이나 많아 어떤 것을 선택해야 할지에 대해 종종 혼란스러울 때가 있다. 그래서 이러한 사고기법을 선택하는데 있어서의 혼란과 어려움을 피하고 기업에서 추구하는 고객가치의 관점에서 일반사

람들도 쉽게 범용적으로 활용하여 창의적 아이디어를 얻을 수 있는 기법들을 찾아 보았다. 알려진 많은 사고 기법들을 검토/평가해 보았고, 동시에 실질적으로 유용하다고 판단되는 사고기법도 직접 개발하고 활용해 보았다. 이러한 과정을 거쳐 선정된 창조적 사고 기법들을 다양한 예시와 함께 여기서 제시해 보고자 한다.

● 고객이 당연하다고 여기는 것에 반대되는 것을 상상해 보라.

영국 Dyson의 신제품으로 선풍기에서 당연히 있어야 하는 선풍기 날개를 없애고, 당연히 있다고 생각되는 먼지봉투를 없앤 진공 청소기

LG하우시스가 개발한 '자동환기창'

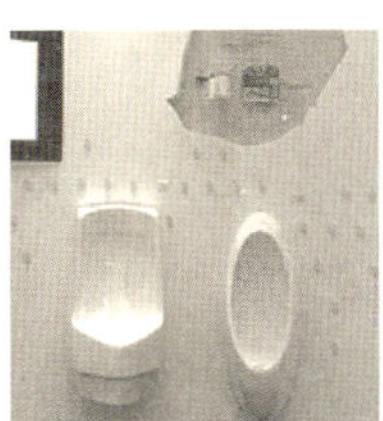

대림 비엔코(B&Co)의 물 안 쓰는 소변기 '워터프리(Water-Free)

- 고객이 당면하고 있는 대체관계(Tradeoff)를 보완관계로 전환하여 생각해 보라.

- 현재 활용되지 않고 있는 외부 요소를 대상제품에 적용할 때 얻을 수 있는 고객가치를 생각해보라.

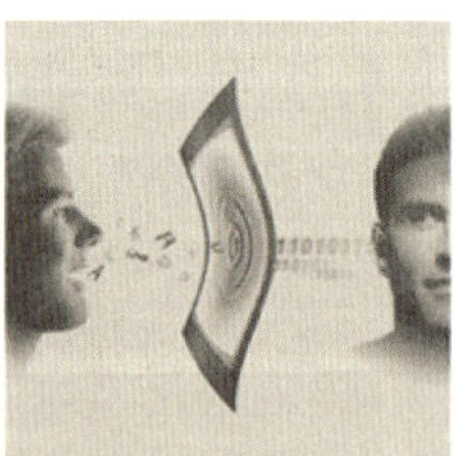

음성 인식 기술(Voice Recognition Technology)을 기존의 세탁기에 적용해 본다면 또는 이 기술을 TV 리모콘에 적용해 본다면 어떤 고객에게 어떤 가치를 제공 할 수 있을까?

남들이 다 따르는 트렌드를 배척하고 반대로 생각하여 차별화 되는 고객가치를 찾아보라.

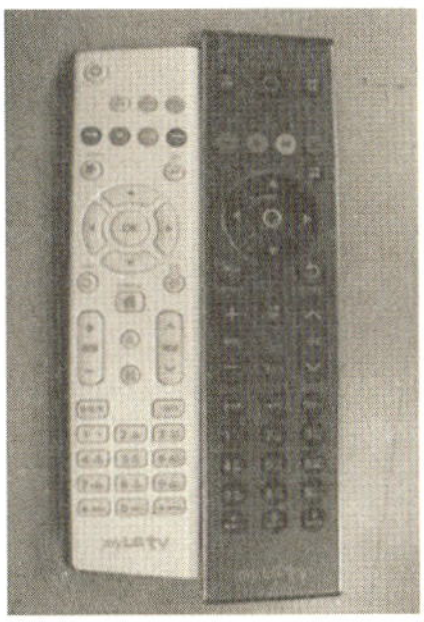

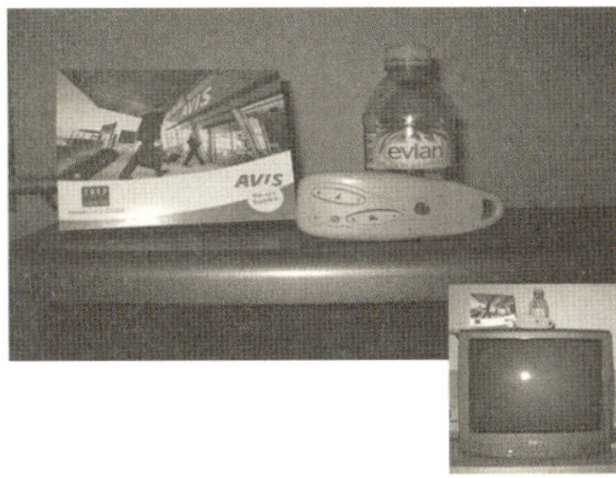

단순함의 미학

IT Convergence 등으로 인해 대부분의 TV 리모콘이 복잡해지는 Trend로 가고 있는데 단순함은 고객의 시간과 비용(정신적 비용/피로도 포함)을 감소시켜 줌으로써 고객가치를 창조할 수 있으므로 현존하는 것 중에서 절대적으로 필요하지 않은 것을 제외시킴으로써 차별화되는 고객가치를 창조할 수 있다.

고객이 기존 상품을 사용할 때 보완적으로 필요한 것을 생각해 보라.

배터리를 사용하는 고객들의 불편 중의 하나는 배터리의 소모 상태를 알 수 없다는 것이었는데 Duracell은 이렇게 기존 상품에 꼭 필요한 보완적인 기능을 포함시켜 새로운 고객가치를 창조했다.

● 사용자 고객의 일 또는 실수를 줄여줄 수 있는 것을 생각해 보라.

▮고객이 가볍게 움직여 주면 커다란 Mini Van의 문이 자동적으로 열리고 닫히게 만들어 사용자의 일을 줄여 줌으로써 새로운 고객가치를 창조했다.

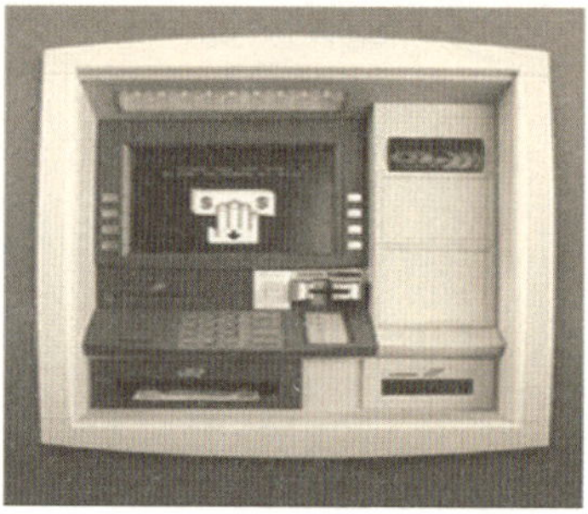

▮ATM의 사용 중 고객이 현금은 꺼내고 ATM 카드는 놓고 나오는 실수를 하곤 하는데 이러한 실수를 방지할 수 있게 설계된 현금 인출 프로세스와 ATM 기계로 고객가치를 창조했다.

● 기존 제품이 전형적으로 사용되는 영역을 넘어 고객이 그 기존 제품을 추가적으로 활용할 수 있는 분야를 생각해 보라.

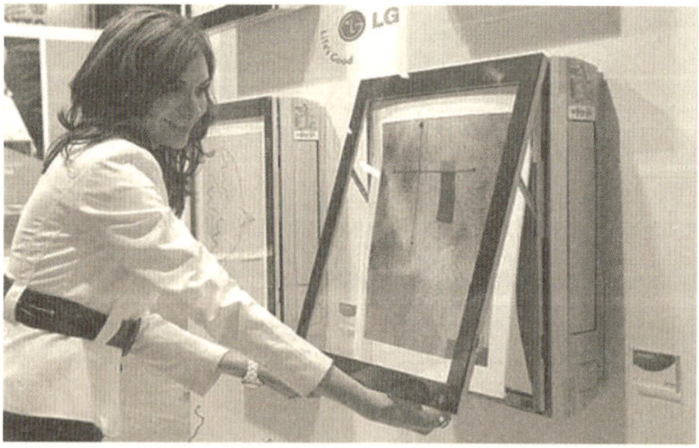

▮벽걸이 에어컨은 원래 냉방을 위한 것이지만, 액자로 활용할 수 있는 추가적인 용도를 찾아 고객가치를 높였다.

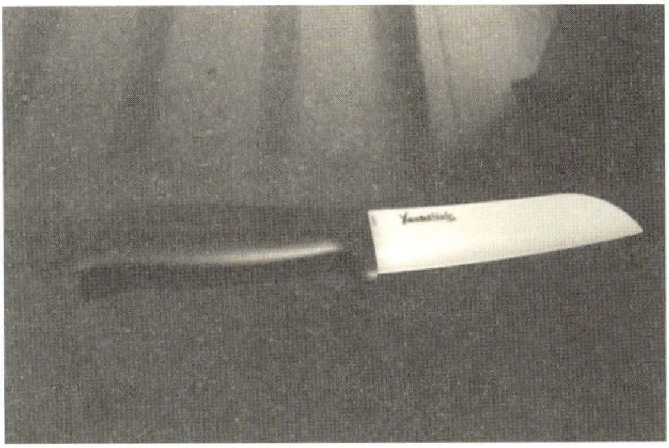

▌주로 도기나 욕조에 사용되던 Ceramic을 가정용 과도에 적용해 새로운 용도를 찾음으로써 새로운 고객가치를 창조했다.

● 현재 사용하는 제품으로부터 고객이 얻고자 하는 혜택을 얻지 못할 때를 상상해보라.

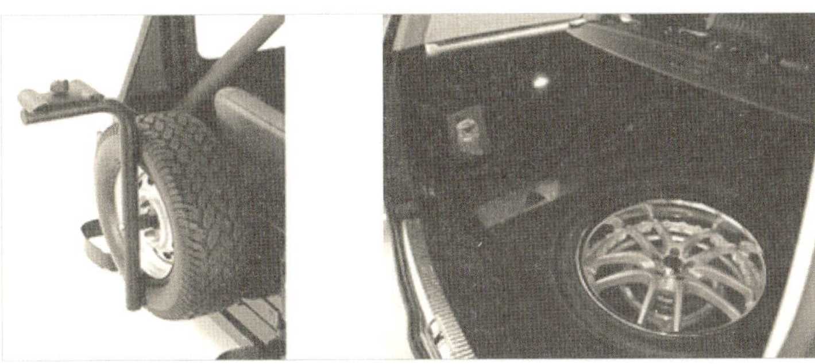

▌자동차의 Spare Tire는 고객이 이동 수단인 자동차로부터 얻고자 하는 혜택을 얻지 못할 때 긴요한 고객 가치를 제공한다.

● 다른 제품의 기능을 대상이 되는 제품에서 구현할 때 고객이 얻게 되는 가치를 생각해 보라.

▌정수기의 기능을 냉장고에서 구현함으로써 추가적인 고객가치를 창조할 수 있다.

● 기존의 전형적인 고객과는 다른 고객을 비교하여 생각해 보라.

▌술집은 찾아 오는 고객을 기다리는 반면, 이동 막걸리 장사는 고객을 찾아감으로써 새로운 고객가치를 창조하고 있다.

- 제품의 현재 수준을 획기적으로 증가시킬 수 없는가를 생각해 보라.

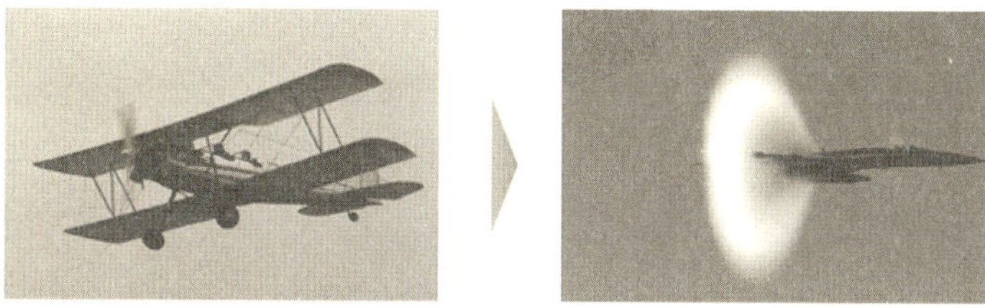

기존의 수준을 획기적으로 증가시킬 수 없는가를 생각해 봄으로써 프로펠러 비행기를 넘어 제트 비행기를 발명할 수 있었고, 자동차 시대가 시작하기 전에 사람들이 더 빠른 말만을 생각했었다면 자동차를 발명하지 못했을 것이다.

- 연속적인 사물을 분리할 때 (또는 분리된 사물을 연결할 때) 변하는 고객가치를 생각해 보라.

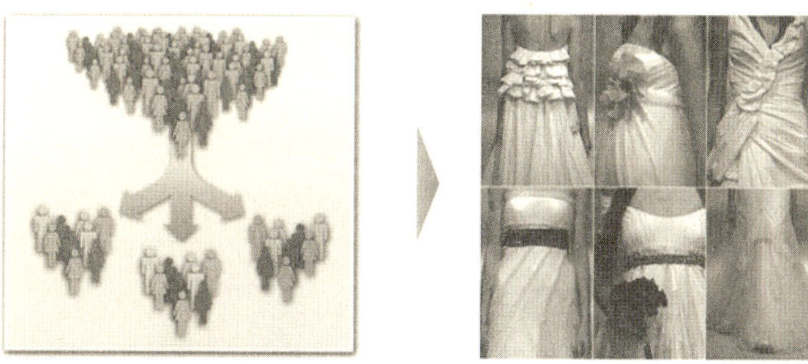

Wedding Dress시장에서 You fit my wedding dress!라는 Message로 대상이 될 수 있는 고객을 시장 전체에서 분리하여 생각하고 이들에게 단순히 Wedding Dress만을 제공하는 것이 아니라 Pride/Image를 제공함으로 Vera Wang은 새로운 고객가치를 창조하고 있다.

● 다른 제품/분야에서 중요시 여기는 특성을 대상제품/분야에 적용할 때 창출되는 새로운 고객가치를 생각해 보라.

▌위의 몇 가지 사례에서는 디자인 분야에서 중요시되는 특성(합목적성, 독창성, 유용성/사용성/편의성, 심미성, 가격대비 가치, 정보전달/소통성, Fun 등)을 위와 같이 다양한 제품의 디자인에 적용함으로써 새로운 고객가치를 창조하고 있다.

● 고객에 대해 현재하고 가지고 있는 (암묵적) 가정을 찾아 이를 달리할 때 나타날 고객가치의 변화를 상상해보라.

Nokia 1200　　Nokia 1208

▌휴대폰은 한 사람이 전유적으로 사용한다는 기본 가정을 깨고 Nokia는 인도에서 여러 사람이 공동으로 사용할 수 있게 설계된 휴대폰을 출시하여 고객가치를 창조했다.

위에서 소개한 창조적 사고 기법은 고정관념을 극복하고 과거와는 다른 시각에서 새로운 아이디어를 얻고자 하는 사고 방식이라 할 수 있는데, 실제로 활용해 보면 창의적 아이디어를 얻는데 매우 효과적이라는 것을 발견하게 될 것이다. 또한 개인이 이러한 사고 방법을 익히고 창조적 아이디어를 내도록 반복하여 훈련하면 다양한 시각에서 문제를 바라보는 습관이 생기고, 이는 결국 개인에게 내재화된 창의 역량이 되는 것이다. 그러므로, 창의적인 사람이 따로 있는 것이 아니라 학습과 반복 훈련을 통해 이러한 창조적 사고기법을 습득하여 창의 역량을 갖춘 사람이 바로 창의적인 사람이 된다는 것을 강조하고 싶다.

(2) 창의적 아이디어를 얻기 위한 접근 방법

앞에서는 고객가치 창조를 위한 다양한 사고기법을 논의해보았다. 그렇다면, 실제로 개인이 고객가치 창조를 위한 창의적 아이디어를 얻으려면 구체적으로 무엇을 어떻게 해야 하는가? 이 질문은 기업에서 일하는 많은 실무자들이 가지고 있는 질문이기 때문에, 여기서는 이론적인 논의를 넘어 실제로 창의적인 사고활동을 해 본 경험을 토대로 고객가치 창조를 위한 창의적인 아이디어를 얻는데 직접 도움이 될 수 있는 접근 방법을 몇 가지 단계로 나누어 제시해 보고자 한다.

i) 창조적 사고의 대상이 될 수 있는 고객 니즈(Needs) 또는 고객이 이런 것이 있었으면/되면 좋겠다고 바라는 것, 기대(Expectation), 불편과 고충(Discomfort and Pain), 문제(Problem), 얻고자 하는 즐거움(Delight Sought) 등을 중심으로 고객가치 창조의 기회를 찾아볼 수 있지만, 무엇보다도 쉽게 공감할 수 있고 고객에게 큰 만족을 줄 수 있는 고객의 불편과 고충에서 시작하는 것이 좋다.

ii) 고객 가치를 높이거나 창조할 수 있는 고객의 니즈를 최대한 찾아 정리한 후, 중요성(Importance/Impact), 긴급성(Urgency) 등을 포함한 고객 관점의 기준으로 우선 순위화(Prioritization)한다.

iii) 우선 순위에 따라 창조적 사고의 대상이 될 고객의 니즈가 선정되면 이에 대한 원인과 결과를 찾아 이들 간의 인과관계를 밝혀 보고, 창조적 사고를 위한 투입물(정보/지식/자극물 등)을 수집하여 내재화한다.

iv) 생각의 대상이 되는 고객 니즈에 대해 떠오르거나 알고 싶은 질문을 스스로에게 지속적으로 해보면서 창의적 아이디어의 단서를 찾아 본다.

v) 이러한 문답 과정을 거친 후, 대상이 되는 고객 니즈를 충족시켜 줄 수 있는 창의적 아이디어를 찾을 때까지 다양한 창조적 사고 기법을 적용하면서 사고 활동을 지속한다.

vi) 초기 아이디어가 도출되면 자가 평가를 통해 그 아이디어의 장점과 약점을 찾아보고 고객 관점에서 충분한 고객 가치가 있는지를 먼저 판단해 보아야 한다. 고객 관점에서 충분한 고객 가치를 제공해 줄 수 있다고 판단되면, 다음은 실행의 관점에서 자신의 생각을 넘어 주위 사람으로부터 Feedback과 조언을 얻어 다듬고 구체화하여 적용 가능한 실행 솔루션을 산출해 내도록 한다.

여기서 소개하는 접근 방법은 모든 사람이 반드시 따라야 하는 절대적인 것이라기 보다는 필자의 실제 경험에 기반하여 하나의 예가 될 수 있는 접근 방법을 제시한 것이다. 실제로 다양한 분야에 속한 개인들이 창의적 아이디어를 내고자 하는 일은 다르기 때문에 자신의 일에 맞게 필요한 부분을 취사선택하고 오히려 고민하면서 가장 적합한 접근방법을 만들어 나가는 것을 제안하고자 한다.

4 개인 자신이 도출한 초기 아이디어를 다듬는 방법

앞에서도 언급한 바 있지만 개인이 생각해 낸 초기 아이디어는 활용 목적에 비추어 보면 완성도가 높지 않아 곧 바로 적용하기 어려운 경우가 많다. 그러므로, 보통은 초기 아이디어를 얻게 되면 어떻게 해서라도 이를 다듬어 완성도를 높여 가는 작업이 필요한데, 이를 위해 여기서는 크게 2가지 단계를 제시해 보고자 한다. 첫 번째 단계는 도출한 초기 아이디어에 대해 몇 가지 핵심 질문들을 자신이 던지고 답변해 봄으로써 자가 평가를 해보는 것이고, 두 번째 단계는 주위에 있는 전문가들 또는 아이디어가 실제로 구현되었을 때 이를 사용하게 될 사람이나 잠재고객들로부터 Feedback를 받아 이를 반영하고 개선해 나가는 것이다. 이 두 가지 단계를 순서대로 논의해 보도록 한다.

(1) 자가 평가

고객가치 창조를 위해 도출한 아이디어는 앞 절에서 제시한 평가표에서 볼 수 있듯이 단기적 관점에서 ① 고객가치 수준을 나타내는 수용도/구매의향, ② 실제 구현 가능성, ③ 새롭다는 것을 포함한 차별성, 그리고 중장기적인 관점에서 ④ (제품/기술) 모방 가능성 또는 대체 가능성이라는 핵심 기준을 중심으로 평가해보아 초기 아이디어의 수용 가능성을 보여주는 고객가치 수준을 스스로 평가해보는 것은 반드시 필요하다. 이 기준 외에도 업종이나 제품/서비스 특성에 따라 추가적으로 다양한 측면에서 초기 아이디어를 다음과 같은 질문을 통해 강/약점을 찾아 점검해보고 약점을 보완하여 초기 아이디어를 개선시켜 나가야 한다.

- 충족시키고자 하는 고객 니즈의 본질은 무엇인가? 이를 충족시킨다는 것은 고객에게 어떠한 가치/의미/혜택/기쁨이 있는가? 고객에게는 그것이 왜 필요하다고 생각하는가?
- 제안하고자 하는 새로운 아이디어가 실제로 구현된다면, 구체적으로 어떤 가치를 고객에게 제공할 수 있게 되는가? 또 왜 이 아이디어를 생각하고 제안하게 되었는가?
- 제안하려는 새로운 아이디어는 기존의 솔루션들과 무엇이 어떻게 다른가? 또 왜 그렇게 달라야 하는가? 새로운 아이디어는 기존의 것에 비해 어떤 면에서 유용한 고객가치가 있는가?
- 새로운 아이디어는 다른 경쟁사에 비해 우리가 더 잘 할 수 있는 것인가? 새로운 아이디어가 구현될 때 창출되는 고객가치는 얼

마나 빠르게 모방 또는 대체가 가능한가? 새로운 아이디어를 구현하지 않는다면 어떤 결과가 나타날 것인가?

- 새로운 아이디어는 실현 가능성이 어느 정도인가? 그것이 효과적이려면 어떠한 가정/조건 하에서 가능한가? 실행에 요구되는 비용/시간/인적자원/스킬에 비추어 볼 때 실현 가능성은 어떠한가?
- 제안한 새로운 아이디어를 실행할 때 발생할 수 있는 Risk나 잠재적 이슈는 어떠한 것들이 있는가?

(2) 주위 사람들로부터의 Feedback을 통한 개선

새로운 아이디어를 자신과 다른 시각에서 바라보고 개선점을 제시해 줄 수 있는 사람들로부터 Feedback을 얻는 것은 초기 아이디어의 완성도를 높여 나가는데 매우 유용하다. 그런데, 주위 사람들로부터 이러한 Feedback을 얻는 작업은 일단 자가 평가를 통해 자신이 발견할 수 있었던 개선점에 대해 충분한 노력을 기울인 후에 진행하는 것이 좋다. 자가 평가를 거치지 않고 바로 타인으로부터 Feedback을 받는다면, 자신이 잘 못 생각한 부분을 타인의 Feedback을 통해 조기에 발견할 수 있는 긍정적인 측면도 있을 수 있지만, 자신의 엉성한 아이디어를 성급히 제안하는 것은 자신이 얻고자 하는 Feedback에 대해 명확한 소통도 쉽지 않아 Feedback을 주는 사람에게는 부담이 될 수 있을 뿐만 아니라 구체적인 도움을 얻지 못할 수도 있다.

타인으로부터 이러한 Feedback을 얻을 때 또 한 가지 염두에 두어야 하는 것은 그들이 주는 부정적인 Feedback을 절대 비판으로 받아들이지 말고 반드시 열린 마음으로 대하고 수용할 수 있는 자세를 갖추지 않으면 개선이 이루어지기 어렵다는 것이다.

요약과 메시지

- 사람은 고정관념이 생기기 때문에 변화에 무감각해지거나 때론 변화로부터 두려움까지도 느끼게 되어 Status Quo에 집착하게 되는데 이렇게 되면 개인의 경쟁력은 약화되고 오늘날의 경쟁에서 도태될 수 밖에 없다.
- 개인의 창의 발현 과정은 i) 목적 설정, ii) 창조적 사고를 위해 필요한 준비, iii) 창조적 사고 활동, 그리고 iv) 도출된 창의적 아이디어를 평가하고 확인하는 활동을 포함한 4 가지 단계로 분류해 볼 수 있다.
- 창의의 본원적 특성과 창조적 사고의 걸림돌을 잘 이해하고 이를 극복하기 위해 개인이 무엇을 해야 하는지를 알아야 창의 발현의 가능성을 높일 수 있다.
- 고객 관점에서는 ① 고객가치 수준을 나타내는 수용도/구매 의향, 기업의 관점에서는 ② 실제 구현 가능성 ③ 새롭다는 것을 포함한 차별성, 그리고 시장의 경쟁 관점에서는 ④ (제품/기술) 모방 가능성 또는 대체 가능성이라는 기준을 중심으로 아이디어를 평가하고 확인해보는 것이 필요하다.

- 개인의 차이에 따라 정도의 차이는 있겠지만, 생각할 수 있는 사람이라면 누구나 창의적이고, 창의란 정도의 문제로 개인이 습득할 수 있는 다른 기량과 마찬가지로 강화될 수 있는 개인의 스킬(Skill)이다.
- 관심, 기질, 성격 등에서의 선천적인 차이가 개인간에는 있을 수 있지만, 개인의 창의는 전적으로 자신의 확고한 목적의식과 이에 대해 약정한 노력 (Committed Effort)이라는 실행에 달려있다.
- 창조적 사고기법을 잘 모른다고 해서 독창적인 아이디어를 발현하지 못하는 것은 아니지만, 이미 많은 사람들의 경험을 통해 체계화된 사고유형을 이해하고 이를 응용하여 사고하는 기법을 수단으로 활용한다면 창조적 사고 활동이 훨씬 더 효과적으로 진행될 수 있고 얻고자 하는 결과를 더욱 빨리 얻을 수 있다.
- 다양한 창조적 사고 기법들의 공통점은 모든 사물은 어떠한 형태로든 연결되어 있는데 이러한 연결을 찾으려는 것으로 기억하고 있는 것과 연결이 끊어진 것들을 상기시키려는데 있다.
- 창조적 사고의 투입물이 될 수 있는 관찰과 정보 수집은 고객 니즈(Needs), 기대(Expectation), 불편과 고충 (Discomfort and Pain), 문제(Problem), 얻고자 하는 즐거움(Delight Sought) 등을 중심으로 시작할 수 있지만, 무엇보다도 쉽게 공감할 수 있고 고객에게 큰 만족을 줄 수 있는 고객의 불편과 고충에서 시작하는 것을 제안하고자 한다.
- 보통은 초기 아이디어를 얻게 되면 완성도를 높여 가는 작업이 뒤따르게 되는데, 초기 아이디어에 대해 자가 평가를 해보는 것과 주위에 있는 전문가들 또는 사용하게 될 사람이나 잠재 고객들로부터 Feedback을 받아 이를 반영하고 최대한 개선해 나가야 한다.

Ⅳ 고객가치 창조를 위한 기업의 창의경영(倉意經營)

IV

고객가치 창조를 위한 기업의 창의경영(倉意經營)

"창의경영은 영원한 숙제가 절대 아니야!"

마포에 있는 중학교에 다닐 때부터 죽마고우로 지내온 안태홍 박사와 김산춘 교수가 그 동안 접촉이 끊겨 한 동안 못 보다가 최근에 주위 친구들을 통해 연락이 닿게 되어 오늘 기쁜 마음으로 만나 함께 저녁을 하기로 했다. 안태홍 박사는 미국에서 마케팅으로 박사학위를 받고 귀국하여 분당에 있는 K 경영연구소에서 근무하고 있고, 김산춘 교수는 M 유럽 대학에서 인사조직분야의 박사학위를 취득하여 현재 신촌 부근에 있는 S 대학에 재직 중이다. 마포에 있는 어느 일식집에서 만난 두 사람은 반갑게 옛 추억을 되살리며 즐겁게 이야기 꽃을 피우고 있었다. 같은 경영학분야에서 공부도 했고 일도 하고 있어 함께 얘기가 더 잘 통하는 것 같아서인지 대화가 멈추질 않았다. 우연히 국내 기업들의 미래에 대한 이야기가 시작되자, 먹는 것도 잊은 채 진지한 분위기로 이어지게 되었다.

김 교수 : 아니, 안 태홍 수석! 자네는 국내 제조업체들에 대해 상당히 비관적이군. 그렇다면, 자네 얘기론 우리나라의 제조업체들은 향후 생존도 어렵다는 말인가?

안 수석 : 그래, 정말 이대로라면, 생존도 어려울지 몰라. 생각해 보면, 이미 글로벌 기업이 되어 성장해 온 한국 제조업체들이 과거와 같이 앞선 기업들을 쫓아가는 전략으로는 향후 한국기업

들을 쫓아 오는 중국기업들을 따돌릴 수가 없어. 내 생각에는 한국기업들이 하는 것의 대부분을 이미 중국기업들이 할 수 있고, 특정 분야에서는 앞섰거나 가까운 미래에 앞설 것이 분명해. Hardware 제조 분야에 있어서는 물론, 심지어 머지 않아 Software 분야에서도 우리를 앞설 것 같아. 괜찮다는 미국 대학의 Engineering School에는 지금 중국 유학생이 압도적으로 많아. 그 많은 중국 유학생들이 공부를 마치고 나오면 실로 엄청나겠지. 실례로 최근에 미국 미시간대학 Computer Science학과의 신강근교수님이란 분이 휴대폰 배터리 사용시간을 획기적으로 늘릴 수 있는 기술을 개발하여 발표했는데 그 연구의 핵심에도 중국 유학생이 있더군. 놀랍기보다는 오히려 겁이나.

김 교수 : 그렇구나. 실은 나도 지난 번에 독일의 쾰른대학에서 학회가 있어 갔었는데, 거기 참가한 중국출신의 교수나 학생들을 보고 나도 비슷한 생각을 했어. 그 학회뿐 아니라 최근에 내가 갔던 다른 학회에도 중국사람이 전체 참가자의 1/3 정도가 되더라. 중국에서 하는 학회 같은 착각까지 들 정도로 헷갈리더라. 내가 있는 인사조직 분야에서만의 현상이 아니었구나.

안 수석 : 그러니, 정말 이대로는 내가 얘기한 대로 한국기업들은 글로벌 시장에서 생존도 어려울지 몰라. 앞으로는 과거의 Fast Follower 또는 Fast Second 전략에서 벗어나 독창적이고 차별화가 확실한 제품/서비스 또는 비즈니스 모델 등을 남들보다 먼저 만들어 내지 못하면 미래는 어두워질 수 밖에 없어. 많은 사람들이 생각하는 것보다 현재 상황은 훨씬 더 심각해. 그래서 나는 지금 한국기업들에게 꼭 필요한 것이 창의경영이라고 생각해. 그런데, 한국기업들은 창의라는 것 또는 창의경영에 대해 제대로 잘 모르는 상태에서 이것저것 시도하여 많은 시행착오를 겪고 있는 것은 아닌가 하는 생각이 들어. 창의에

대해 먼저 깊이 이해를 하고 필요한 것을 하나씩 갖추어 가면서 실행해야 하는데...

김 교수 : 창의는 우리 인사조직분야에서도 큰 주제야. 창의에 대해 많은 사람들이 문화를 바꿔야 한다, CEO가 중요하다, 교육을 시켜야 한다 등등 많은 얘기를 하고는 있지만, 누구 하나 '이렇게 하면 됩니다'라고 얘기할 수 있는 사람이 없어. 현업에서의 경험이 없는 우리 교수들이 하는 얘기는 현실감이 떨어져. 안박사, 자네는 연구소에 있으니 창의에 대한 연구를 좀 해 봤어? 어때?

안 수석 : 사실, 나는 3~4년 전부터 창의에 대한 연구를 해오고 있어. 창의 관련해서 공부도 좀 했고, 소위 창의적이라는 기업들, 예를 들면, Google, P&G, Apple 등도 직접 가서 관찰도 하고 얘기도 들어보고, 그리고 어느 제조업체를 대상으로 현장에서 창의에 대한 Consulting Project도 직접 수행해 보았어. 그리고 특허출원이라는 성과도 내고해서 좀 감이 있긴 해.

김 교수 : 야, 안박사, 그 정도면 내공이 대단한데... 역시, 현장에 가까이 있는 사람이 다르네! 야, 한 수 배워야겠어! 그럼 창의적인 기업이 되려면 기업들이 뭘 어떻게 해야 되는 거야? 안박사, 얘기 좀 해봐!

안 수석 : 내가 알고 있는 것을 다 얘기할 수는 없고, 몇 가지만 얘기하지! 무엇보다도 먼저, 기업의 경영진들이 창의에 대한 올바른 인식과 이해를 갖고 확실한 목적의식을 가지고 있어야 해. 그런데, 올바른 인식과 이해를 가지고 있는 CEO나 경영진은 극히 소수야. 그러니 창의경영을 주도해야 할 사람들이 그런 상태이니 잘 될 수가 없지. 그리고, 창의하면 문화를 바꿔야 한다고 사람들은 말 하는데, '창의를 위해 문화를 어떻게 바꿔야 하나요? 그리고 그렇게 하면 진정 창의가 잘 돼나요?'라는 질문을 하면, '영원한 숙제인 것 같아요.'라는 답변을 듣곤 하

지. 나는 아직 기업문화를 이렇게 하면 바꿀 수 있다고 얘기하고 바꾼 사례를 본 적이 별로 없는 것 같아. 그 만큼, 기업문화를 바꾼다는 것이 어렵다는 것을 말해 주고 있겠지만, 문화가 쉽게 안 바뀐다면, 이것을 극복할 수 있는 비즈니스 프로세스를 바꾼다거나 무엇이든 해서 창의 관련한 문제를 해결하려는 노력도 부족한 것 같아. 소위, 창의적이라는 기업들을 보면, Google의 20% Time, IBM의 Innovation Jam, P&G의 Open Innovation, Horiba의 Black Jack, 국내기업인 웅진의 상상오션 등 조직의 내부 구성원들이 창의를 발휘할 수 있는 프로그램을 만들어 운영하고 있어. 이런 것들이 창의경영을 위한 솔루션이라고 나는 생각해. 그리고 이러한 창의 솔루션을 잘 실행하기 위해 필요한 것들을 잘 갖추고 있지. 예를 들면, 창의담당 부서, 창의경영의 비전과 구체적 목적, 교육/훈련, 평가제도, 창의적 아이디어 제출과 Follow-up을 위한 프로세스와 시스템 인프라스트럭처 등이 잘 구축되어 있어야 해. 이러한 창의경영을 위한 요건이 제대로 갖추어지지 않은 채 창의 활동을 한다면, 잘 안 되는 것이 당연하지 않겠어? 창의경영은 영원한 숙제가 절대 아니야! 얼마든지 잘 할 수 있는 것인데, 때론 잘 몰라서 때론 알아도 실행이 잘 안되어 잘 안되고 있는 거야. 결국, 그 기업 또는 조직에서 어떻게 생각하고 행동하는가에 달려 있다고 나는 생각해.

1 창의적 조직/기업이 잘 안 되는 이유

오늘날 국내외의 많은 기업들은 시장에서 고객의 요구/니즈, 기술, 규제, 정책 등 환경의 급속한 변화에 직면하고 있고 이에 대한 기업들의 대응은 새로운 경쟁 구도를 만들어 내고 있다. 시장에서 경쟁을 하고 있는 대부분의 기업들은 자사의 강점은 살리고 경쟁사와 비교하여 약점이 되는 부분은 강화시키려는 노력을 하고 있다. 같은 시장에서 경쟁하는 기업들이 이러한 동일한 노력을 하게 되면, 강점은 물론 약점으로 인식되었던 부분에서의 격차는 점차 줄어들어 기업들이 실제로는 차별화를 찾기 힘들 정도로 동형화되어 가는 모습을 종종 발견하게 된다. 그러므로, 시장의 변화에 대한 대응으로 남들도 다 가지고 있거나 할 수 있는 것이 아닌 차별화를 가능하게 해주는 창의가 절실히 필요하다는 인식을 기업들은 가지게 되었다. 이에 따라, 특히 한국의 기업들은 과거의 벤치마킹 Mindset에서 벗어나 자사만의 고객가치를 창조하기 위해 나름대로 많은 노력을 기울여왔다. 실제로 최근 몇 년에 걸쳐 국내에서는 많은 기업들이 고객가치 창조를 위한 창의의 중요성에 대해 적지 않은 내부 소통을 통해 인식을 높여왔고, 또 한편으로는 나름대로 제안제도도 만들어 운영해 보고, TRIZ와 같이 해외에서 사용되는 방법론들도 도입해 실시해 보는 등 다양한 시도를 해보았다.

그러나, 아쉽게 느껴지는 것은 지금 창의 활동이 잘되어 가고 있다거나 창의를 통해 괄목할 만한 성과를 냈다는 사례는 그다지 많아 보이지 않는다는 것이다. 왜 이럴까? 창의가 중요하다고 인식하고 있는 기업이라면, 창의를 통해 성과를 낼 것으로 기대되는데 그런 기업은 왜 많지 않고 또 창의로부터 기대하는 결과는 왜 잘 안 나올까? 여기서는 이 질문을 다루어봄으로써 기업에서 창의로부터 기대하는 결과가 왜 잘 안 나오는지에 대해 원인을 밝혀 보고자 한다. 먼저, 이 질문에 대한 답변이 될 수 있는 것들을 빠짐없이 망라해 보니 다음과 같은 것을 찾을 수 있었다.

- 창의를 위한 실행을 하지 않아서
  - 무엇을 어떻게 해야 하는지를 잘 몰라 실행을 하지 않아서
  - 무엇을 어떻게 해야 하는지는 아는데 여건상 실행을 할 수 없어서
- 창의를 위한 실행은 했는데
  - 무엇을 어떻게 해야 하는지는 아는데 실행을 잘 못해서
  - 무엇을 어떻게 해야 하는지를 잘 몰라 올바른 실행을 하지 못해서

위의 답변들을 살펴보면, 기업에서 창의의 결과가 잘 안 나오는 이유를 3가지 핵심 단어로 다음과 같이 정리해 볼 수 있었다.

- 이해 : 창의에 대해 잘 몰라서
- 여건 : 창의를 실행할 수 있는 여건이 못되어서
- 실행 : 올바른 것 실행이 잘 안되어

다시 말하면, 기업에서 창의가 잘 안 되는 원인은 창의에 대한 이해가 부족하고, 창의를 위한 여건이 갖추어지지 않아서, 그리고 창의에 대한 실행이 미흡해서라는 것이다. 여기서는 이렇게 도출한 3가지 원인을 다음 세 가지 질문으로 다루어 보아 해결책을 찾아 보고자 한다.

Question 1 : 기업(또는 조직)은 창의에 대해 잘 이해하고 있는가?

Question 2 : 기업(또는 조직)은 창의가 잘 될 수 있는 여건을 갖추고 있는가?

Question 3 : 기업(또는 조직)에서 창의 실행이 잘 되려면 무엇을 어떻게 해야 하는가?

(1) 기업은 창의에 대해 잘 이해하고 있는가?

기업(또는 조직)에서는 창의에 대해 잘 이해하고 있는가라는 이 질문에 깊이 이해하고 있다고 자신 있게 대답할 수 있는 기업은 실상 많지 않을 것이라 생각한다. 창의에 대해 많이 들어보기도 하고, 창의에 대한 내부 소통/논의도 많았기에 창의가 친숙하게 느껴질 수는 있다. 하지만 실상 창의에 대한 질문을 받게 될 때, 깊은 이해와 지식으로 사람들이 공감할 수 있게 설명할 수 있는 사람을 아직 많이 보지 못했다. 다른 일에 있어서도 마찬가지이겠지만, 절실히 필요한 것으로 인식되어 적지 않은 노력을 경주해온 창의에 대해 충분히 알지 못한다면, 과연 창의를 잘 할 수 있고 이로부터 기대하는 성과를 이루어 낼 수 있을까? 상식적으로 생각해 보아도 쉽지 않을 것이다. 창의에 대해 잘 모르면서 창의를 통해 뚜렷한 성과를 냈다면, 이는 오히려 요행이나 기적에 가까운 일인지도 모르겠다. 창의에 대해 깊이 이해하고 잘 알아야 실제로 창의 활동을 잘 할 수 있다는 것은 모든 사람들이 어렵지 않게 수긍할 수 있을 것이다. 이렇게 효과적인 창의 활동을 하기 위해서는 창의에 대해 충분한 이해가 필요한데, 그렇지 못하다면 창의에 대해 무엇을 알아야 하는가?

모든 사람이 쉽게 동의할 수 있듯이, 기업에서 창의의 주역은 당연히 내부 구성원인 개인이고, 기업/조직의 창의는 개인의 창의에서 비롯된다. 그러므로 개인의 창의에 대한 깊은 이해 없이는 기업/조직의 창의도 어렵다. 필자의 생각으로는, 개인의 창의를 이해하는데 첫 걸음이 될 수 있는 것은 개인의 창의를 무엇으로 인식하느냐가 매우 중요한데, 이는 그 인식에 따라 기업/조직의 사고와 행동이 달라지기 때문이다. 앞에서도 언급했듯이, 개인의 창의는 다름아닌 개인이 가지고 있는 기량이고, 동시에 창의는 학습과 노력으로 (물론, 개인의 차이는 존재하지만) 어느 수준까지는 누구나 개선이 가능한 개인의 기량으로 인식하는 것이 필요하다. 마치 개인의 골프 실력이 배우고 노력하면 나아지는 것같이, 개인의 창의도 배우고 훈련하면 나아 질 수 있기에 창의적 아이디어를 얼마든지 발현할 수 있다. 골프를 잘 치고자 하는 사람은 많은 노력을 한다. 골프 연습장에 가서 스윙 연습도 하고 많은 공을 치기도 한다. 골프에 대한 책도 읽고 때로는 Field에 나가 실전을 통해 골프 실력을 향상시키기 위해 많은 노력을 경주

한다. 이러한 노력으로 골프 실력이 향상되면, 가끔 Birdie도 잡을 수 있고, 잘못하면 홀 인원이란 대형사고도 칠 수 있게 되어 실제 골프 게임에서 본인이 만족할 수 있는 수준에 도달할 수 있게 될 것이다.

개인의 창의라는 사고 역량도 이와 절대로 다르지 않다. 사고 기법을 배우고, 뇌를 자극하는 정보/지식/자극물 등의 투입물을 얻어 정신적 사고 활동을 지속한다면, 찾고자 하는 창의적인 아이디어는 얼마든지 발현할 수 있다고 생각한다. 신경과학(Neuroscience)에 의하면, 사람의 뇌는 지각, 운동, 기억의 세 가지 영역에서 활동을 한다고 한다. 어떠한 영역에서든지 사람은 같은 일을 반복해서 하게 되면 이러한 자의적인 활동을 더 잘 할 수 있는 능력을 갖추게 된다고 한다. 이는 Myelin[11]이라는 하얀 색의 물질이 분비되어 이 활동과 관련된 신경섬유(Nerve Fiber)를 둘러 싸서 신경섬유 내의 신경세포인 뉴런(Neuron)을 통해 전달되는 뇌파 또는 뇌의 전기적 신호(Impulse)가 누출되어 손실되지 않게 함으로써 뇌의 명령이 더욱 정확하게 전달되기 때문이라고 한다. 이러한 신경과학의 이야기는 바로 개인의 창조적 사고 역량은 학

---

11 Myelin은 축삭(Nerve Fiber)의 겉을 여러 겹으로 싸고 있는 인지질 성분의 막으로 전선의 플라스틱 피복과 마찬가지로 Neuron(신경세포)을 둘러싸는 백색 지방질 물질로 Neuron을 통해 전달되는 전기신호가 누출되거나 흩어지지 않게 보호한다. 자의적인 운동능력을 갖추기 위해서는 먼저 뇌의 근육에 정확한 명령을 내려야 하는데 그러기 위해서는 축삭이 Myelin으로 싸여져 Neuron을 통해 전달되는 전기신호가 누출되거나 흩어지지 않게 보호되어야 하는 것이다. 아기의 모든 신경이 완전히 Myelin으로 싸여지는 데는 2년 정도 걸린다고 한다

습하고 반복 훈련하면 얼마든지 개선될 수 있다는 것을 말해준다 하겠다.

이러한 개인의 창의에 대한 인식과 더불어 기업의 경영진들이 잊지 말아야 하는 것은 바로 개인의 역량이 바로 조직의 역량이라는 것이다. 어느 경영자로부터 창의적인 아이디어를 얻기 위해서는 창의적인 사람을 뽑아야 되는 것 아닌가라는 질문을 받은 적이 있다. 그런데 그가 얘기하는 창의적인 사람의 정의는 무엇이고, 자신의 업종에서 어떤 기준으로 그런 창의적인 사람들을 찾고 테스트하여 뽑을 수 있을 것인가? 이러한 질문은 창의에 대한 이해가 부족하여 나온 질문이 아닌가 생각한다. 개인의 창의가 학습하고 반복 훈련하면 개선될 수 있는 것이라면 이는 바로 조직의 창의도 마찬 가지이다. 창의적인 사람이 따로 있는 것이 아니라 생각할 수 있는 사람이라면 누구든지 창의적인 아이디어를 낼 수 있다. 그러므로, 기업의 내부구성원에게는 어쩌면 무한한 창의성이 잠재되어있다고 할 수 있다. 다만, 그들은 창의적인 아이디어를 발현하는 활동을 별반 해 보지도 않아 무엇을 어떻게 해야 되는지를 잘 모르고 있는데, 그들이 학습하고 반복 연습하여 내재되어 있는 창의성을 발현할 수 있게 도와주어야 할 사람이 바로 기업의 경영진인 것이다. 결국, 고객가치 창조의 첫 단추가 되는 창의는 기업의 핵심역량인데, 기업의 경영진이 먼저 창의에 대해 올바로 이해하고 끊임없이 실행해 나간다면 이를 통해 다른 기업과 뚜렷이 구별되는 차이를 만들어 갈 수 있을 것이다. 반면, 기업에서 경영진의 창의에 대한 올바른 이해가 선행되지 않는다면, 창의에 대한 올바른 실행은 잘되기 어렵다.

(2) 기업은 창의가 잘 될 수 있는 여건을 갖추고 있는가?

고객가치 창조를 위한 창의경영을 추진하는 기업에서 또 한 가지 생각해 보아야 할 질문은 과연 기업 또는 조직 내에서 창의가 잘 될 수 있는 여건 또는 환경을 조성하고 있는가라는 것이다. 이에 대한 기업들이 실상을 알아보기 위해 많은 실무자들과 인터뷰를 실시해 보았는데, 특히 창의를 강조하는 기업에서 일하는 직원들이 언급한 것들 중에 몇 가지를 발췌해 보았다.

- 왜 Ideation 활동을 해야 하는지에 대한 메시지가 명확하게 전달되지 않아 열정이 안 생긴다.
- 일상 업무가 많고, 업무에 치여 새로운 아이디어를 내는 것이 쉽지 않다.
- Ideation에 몰입할 수 있는 여건 조성이 필요하다.
- ROI를 따지면서 모두 돈 되는 제품에만 매달려 생각할 시간적 여유가 없다.
- 아이디어를 낼 수 있게 집중할 수 있는 환경이 안 된다.
- 위에서 아이디어를 내라는 지시가 내려오면 건수 만추기에 급급하다.
- 제출되는 창의적 아이디어의 등급을 매기고 이에 따라 포상이 주어져야 한다.
- 아이디어를 내기 위해 고객을 접할 수 있는 기회가 자주 있었으

면 좋겠다.

- 아이디어를 내기 위한 새로운 자극이 필요하다.
- 제안하는 아이디어가 어느 프로세스에 어디쯤 있는 지를 볼 수 있게 사내 제안 시스템을 만들어 직원들이 진행 과정을 쉽게 열람할 수 있게 되어야 한다.
- 아이디어를 제출해도 실행되는지 사후적으로 Follow-up 할 수가 없다.
- 어느 아이디어 발현 교육을 다녀 왔는데, 시장 조사 결과를 간단히 보고 아이디어를 내던데 그렇게 넘어가면 아이디어를 내기가 어렵다. 앞에서 고객에 대해 깊은 이해가 될 수 있도록 주거 환경은 어떤지, 수도 시설은 어떤지 등 90% 이상의 시간과 노력이 이를 위해 할당되고 아이디어를 생각하기 전에 깊은 논의가 이루어져야 한다.
- 아이디어를 내기 위해서는 갑자기 떠오르는 아이디어를 잡기 위해서는 평소에 메모를 해야 하므로 메모할 수 있는 도구가 필요하다.
- …

창의를 실행하고 있는 기업의 직원들로부터 나온 위의 언급을 들어보면, 그들이 창의적 아이디어를 발현할 수 있는 여건이 적절히 갖추어져 있지 않다는 것을 알 수 있다. 여러 기업에서 일하는 실무자들과의 인터뷰를 통해 다음과 같은 주요 문제점을 발견할 수 있었다.

- 기업 내부 직원들의 창조적 사고를 위한 시간과 자원 부족

- 창의와 Aligned 되지 않은 Time-to-market같은 단기적인 사업전략과 평가제도
- 단기 성과와 평가 중시
- 창의적 아이디어를 낼 수 있는 물리적/문화적 환경 미흡
- 기업 내에서 경영진과 직원간의 창의 활동의 당위성에 대한 명확한 소통이 미흡
- 창의적 아이디어의 동기부여를 위한 인정, 보상 등과 같은 외재적 동기 부족
- 개인의 창의를 유도하기 위한 창의 프로그램과 Infrastructure의 부재
- 건수 맞추기에 급급할 정도로 무리한 사전목표를 할당하여 잘못 실시되고 있는 창의 활동
- 제출한 아이디어의 잠재적 가치를 분별할 수 있는 안목있는 평가자 부족
- 창의적 아이디어를 체계적, 객관적으로 평가할 수 있는 도구와 프로세스 결핍
- 창의에 대한 교육 미흡
- 잘못 실시되는 창의 교육
- 창조적 사고를 위한 투입물 또는 이를 얻기 위한 활동 부족
- …

기업들의 활동 여건에 대해 위에서 언급된 주요 문제점들을 살펴보면, 많은 기업에서 개인 창의에 걸림돌이 되는 장애요인들이 여전히 산재해 있고 창의를 위한 여건 조성이 미흡하여 이대론 기업이 창의로부터 기대하는 결과를 얻기가 어려워 보

인다. 여기서 강조하고 싶은 것은 창의적인 아이디어는 준비된 사람과 준비된 조직에서만 가능하다는 것이다. 그러므로, 앞의 장에서 상세히 다루었듯이, 기업 개인의 창의가 어떻게 이루어지며, 창의의 주역이 되는 조직의 내부 구성원들이 창의 활동을 할 때 당면하는 문제점들은 어떤 것들이 있는지를 면밀히 이해하고 그 문제점들을 해결해 주어야 창의성이 꽃 피는 조직을 만들어 나갈 수 있을 것이다.

(3) 기업에서 창의 실행이 잘 되려면 무엇을 어떻게 해야 하는가?

기업에서 추구하는 고객가치 창조를 위해 필요한 구성원들의 창의에 장애가 되는 것들이 장애요인이 어떤 것들인지를 앞에서 살펴보았다. 실행에 앞서 창의에 대한 깊은 이해가 선행되고 기업의 내부 직원들이 창의를 발현할 수 있는 여건과 환경이 제대로 조성되어 있어야 하는데, 현실은 그렇지 못한 경우가 많아 실제로는 기업에서 내부 구성원들의 창의 발현이 잘 되지 못하고 있다. 이러한 실상이 진정 기업이 추구하는 것이 아니라면, 창의를 올바로 실행할 수 있는 창의경영을 실행해 나가야 한다.

기업에서 품질에 대한 중요성이 인식되어 품질경영이 나왔고, 고객만족의 필요성이 수용되어 많은 기업에서 고객만족경영을 시작했고, 브랜드의 필요성과 중요성에 대한 대응으로 브랜드경영이, 그리고 최근에는 시장 경쟁에서 디자인의 중요성을 대두

되어 많은 기업들이 디자인경영을 추진하기 시작했다. 창의도 마찬가지라고 생각한다. 기업이 추구하는 고객가치 창조의 첫 단추가 되는 창의의 중요성이 깊이 인식되고 이에 대한 공감대가 전사적으로 확산되었다면, 기업에게 창의경영을 해야 하는 것은 당연한 이치라 할 수 있다. 따라서, 여기서는 기업이 조직의 창의가 잘 발현되지 않는 원인이 무엇인지를 살펴보고 구체적으로 어떠한 창의경영을 하면 창의성이 꽃 피는 기업 또는 조직을 만들어 나갈 수 있을지에 대한 논의를 통해 실행으로 연결될 수 있는 제안을 해보고자 한다.

기업은 보통 그 기업이 가치를 창출하는 활동들로 구성된 Value Chain 상에서 중요시 되는 기능 또는 역량 (예를 들어, 기술, 품질, 브랜드, 디자인 등)을 강화하고자 할 때, 담당 부서를 만들고 자원을 투입하여 실질적인 활동과 노력을 경주하는데 그렇게 하면, 시간이 걸릴 수는 있지만, 그 기능/역량은 강화될 수 있다. 그런데, 어떤 이유로든 창의에 대한 필요성을 깊이 인식하고서도 이에 대한 자원 투입과 노력을 기울이지 않는 경우를 볼 수 있다. 어쩌면, 창의에 대해 이런 미온적인 태도나 미흡한 노력은 아마도 그 기업의 경영진이 창의에 대한 이해가 부족하여 무엇을 어떻게 해야 될지 몰라서이거나 아니면 해도 잘 될 것이라는 확신이 없어서 또는 해도 잘 안 되는 것이라는 창의에 대해 그릇된 고정관념으로 인해 적극적인 실행이 되지 못했기 때문이 아닌가 생각한다. 필자의 직접 경험을 통해 분명히 말할 수 있는 것은 기업이 고객가치 창조를 실행하는데 있어서 창의는 기업이 얼마든지 강화해 나갈 수 있는 역량이고, 이에 대해 얼마나 노력을 하는가에 따라 결과가 달라진다는 것이다. 따라서 기업이 진정 고객가치 창조를 추구한다면, 창의가 중심이 되는 창의경영에 대해 기업은 많은 고민을 하면서 집요한 노력으로 지속적으로 실행을 해 나가야 한다. 이렇게, 기업에서 창의경영이 이루어지려면, 무엇보다도 먼저 창의에 대한 깊은 이해와 지식이 조직 내에 내재화되어야 한다.

이러한 이해와 지식을 바탕으로 자사에 적합한 창의 프로그램을 만들어 이를 실행하고 개선해나가는 과정을 끊임없이 반복해 나가면서 창의가 발현될 수 있는 여건과 환경을 점진적으로 만들어 나가야 한다. 창의가 발현될 수 있는 여건과 환경은 하루아침에 이루어 질 수 없다. 또한 앞에서 언급한 창의경영도 절대로 단기간에 완성될 수 있는 것이 아니다. 창의를 위한 여건과 환경을 한꺼번에 그것도 단기간에 만들고 난 후에 창의경영을 실행하겠다는 것은 오히려 비현실이라고 생각한다. 기업의 여건과 환경은 원하든 원하지 않든 외부의 변화에 의해 바뀔 수 밖에 없는데, 창의를 위한 여건과 환경을 정해 놓고 이를 완전히 갖춘 후에 창의경영을 하겠다면 이는 탁상공론에 지나지 않을 것이다. 무엇이든 시작이 필요하다. 물론 과거에 많이 해보지 않은 창의경영이므로 시작은 작게 하는 것이 부담이나 리스크를 줄일 수 있어 바람직할 것이고 반복 실행해 나가면서 요구되는 여건과 환경을 단계적으로 갖추어 나가면서 자사에 맞는 자사만의 창의경영으로 진화/발전시켜 나가야 할 것이다. 여기서 말하는 창의경영이란 뭔가 거창한 것이 아니라, 고객가치 창조를 추구하는 기업 내에서 창의의 주역이 되는 직원 개개인의 창조적 사고를 최대한 발현할 수 있는 체계를 갖추어 운영하고자 하는 것이 바로 제안하고자 하는 창의경영이다.

그리고 창의경영이 잘 되기 위해서는 반드시 갖추어져야 하는 핵심 요건들이 있는데, 이 요건들이란 바로 앞 장에서 상세히 논의한 기업 내에서 내부 구성원인 개인의 창의에 걸림돌 또는 장애요인이 되는 것을 최대한 해소하는데 필요한 해결책 또는 솔루션이라 할 수 있다. 결국, 올바른 창의경영이 되려면, 기업 내에서 직원 개개인이 창조적 사고를 하는데 걸림돌이 되는 장애요인을 해결해 줄 수 있는 솔루션들이 결합된 체계와 더불어 개인의 창의가 최대한 발현될 수 있는 여건과 환경을 만들어 창의적인 아이디어를 얻고자 하는 실행이 지속적으로 이루어져야 한다. 따라서, 이를 위해 여기서는 개인 창의의 걸림돌과 현행 여건에 비추어 기업에서 어떤 것들이 갖추어져야 하고 무엇을 어떻게 하면 조직에서 개인의 창의 발현 가능성을 최대한 높일 수 있는지를 논의해 보도록 한다.

개인 창의발현 과정의 걸림돌에 비추어 도출한 단계별 요건

창의 발현 과정	창의 발현 과정의 단계별 걸림돌	창의 발현의 단계별 요건
i) 목적 설정	▸확고한 목적의식 결여 ▸구체적으로 설정된 목적의 명확한 인지 미흡 ▸목적의 필요성에 대한 깊은 공감결여 ▸일로부터 기대되는 재미/즐거움 같은 내재적 동기 부족 ▸성취에 대한 절박감 결핍 ▸필요로 하는 일에 몰입하고자 하는 열정 결여 ▸적절한 인정과 보상 등의 외재적 동기 부족 ▸자신이 할 수 있다는 자신감 결핍	▸확고한 목적의식
ii) 준비	▸창조적 사고에 대한 이해 부족 ▸창조적 사고를 위한 투입물 (정보/지식/자극) 부족 ▸학습과 훈련을 통해 갖추어진 창조적 사고 역량의 미흡	▸창조적 사고에 대한 올바른 이해 ▸창조적 사고를 위한 충분한 Input ▸훈련된 창조적 사고 역량
iii) 실행	▸직접 통제가 어려운 창조적 사고의 본원적 특성 ▸본능적으로 극복이 어려운 고정관념 또는 사고와 행동의 고착화 ▸획일적 교육에 의해 형성된 사고 방식으로 문제 인식/해결을 위한 입체적 사고 미흡 ▸고객의 불편/고충에 대한 공감 부족으로 인한 사고 민감성 결여 ▸창조적 사고 활동을 하는데 부적합한 여건/환경 ▸사고를 위한 시간과 자원 ▸접하고 있는 문화적 여건 ▸집중적 사고를 위한 물리적 환경 ▸창의적 아이디어가 나오지 않을 때도 지속할 수 있는 의지와 인내심과 감정까지도 다스릴 수 있는 자제력(Self-control)이나 해낼 수 있다는 자기 확신 (Faith in Oneself) 부족	▸문제 해결을 위한 입체적 사고 ▸사고 활동에 적합한 여건/환경 ▸지속할 수 있는 자제력과 자기확신

iv) 평가/ 확인	▸도출한 아이디어를 체계적이고 객관적으로 판단할 수 있는 평가표와 평가 도구 부족 ▸주위에서 신속하게 평가와 Feedback을 받을 수 있는 여건 미흡 ▸아이디어에 대한 지속적 소통과 수용될 때까지 집요한 개선노력 결핍 ▸열린 마음과 함께 다가올 변화를 이해하고 미래의 활용도를 포함하여 아이디어의 잠재성까지 내다 볼 수 있는 수용자 또는 의사결정자 부재	▸체계적인 아이디어 평가표와 평가 도구 ▸신속한 평가와 Feedback이 제공될 수 있는 평가/확인을 위한 여건/환경 ▸도출한 아이디어의 잠재력까지 식별할 수 있는 수용자

앞에서 제시된 표를 다시 살펴보면, 조직 내에서 개인의 창의가 최대한 발현할 수 있게 하기 위해서는 창조적 사고 과정의 단계별 요건이 잘 갖추어 져야 한다는 것을 알 수 있다. 물론, 여기서 언급하는 요건들 외에도 업종이나 기업의 상황에 따라 얼마든지 추가적인 요건들이 더 있을 수 있고 또 이미 창의경영이 잘 되어가고 있는 기업에서는 더 적을 수도 있을 것이다. 그런데, 이 요건들 중에 공통의 솔루션으로 다루어 질 수 있는 요건들을 묶어 보면, 다음과 같은 분류가 가능하지 않을까 생각한다.

도출된 Solution을 표로 정리해 보면, 명확한 목적/비전,창의를 위한 내부 소통, 성과/보상 제도, 창의에 대한 교육, 창조적 사고 기법에 대한 교육, Self-leadership 교육, 창의를 위한 Input 활동, 아이디어 평가체계 (평가 집단, 평가 기준, 평가 척도, 평가표, 평가 도구, 평가 프로세스 등), 업무 여건, 창의를 격려하는 조직 문화, 조직의 창의 활동을 위한 조직의 System Infrastructure 등이 기본적으로 갖추어 져야 한다. 여기서 언급하는 이러한 요건

창의 발현 과정	창의 발현 과정의 단계별 요건	요건 충족을 위한 Solution
i) 목적 설정	▸ 확고한 목적의식	▸ 명확한 목적/비전 공유, 내부 소통, (성과/보상)제도
ii) 준비	▸ 창조적 사고에 대한 올바른 이해 ▸ 창조적 사고를 위한 충분한 Input ▸ 훈련된 창조적 사고 역량	▸ 창의에 대한 교육 ▸ 창의를 위한 Input을 제공하는 활동과 운영 프로세스 ▸ 사고 기법에 대한 교육과 훈련
iii) 실행	▸ 문제 해결을 위한 입체적 사고 ▸ 사고 활동에 적합한 여건/환경 ▸ 지속할 수 있는 자제력과 자기 확신	▸ 사고 기법에 대한 교육 ▸ 창의 활동을 위한 여건(단기성과제도, 업무여건 등)과 조직 문화 ▸ Self Leadership 교육
iv) 평가/확인	▸ 체계적으로 아이디어를 평가할 수 있는 도구 ▸ 신속한 평가와 Feedback이 제공될 수 있는 여건/환경 ▸ 도출한 아이디어의 잠재력까지 식별할 수 있는 수용자	▸ 제출한 아이디어 평가 체계와 평가도구 ▸ 신속한 평가와 Feedback이 제공될 수 있는 창의 프로그램, Feedback 프로세스와 System Infrastructure ▸ 제출한 아이디어 평가 집단과 평가 프로세스

들이 바로 앞에서 제시된 창의경영의 큰 그림이 되고 기업에서 창의경영의 목적을 달성하기 위한 수단, 즉 창의 프로그램의 내용이 된다. 간단히 말하면, 고객가치 창조를 위한 창의경영이란 기업에서 조직원들의 창의를 핵심 역량으로 보고 이를 기반으로 기업이 고객을 위해 새로운 가치를 지속적으로 만들어 제공해 나가고자 하는 경영 방식이라 할 수 있다. 결국, 창의를 통해 달성하고자 하는 목적을 설정하고, 이를 달성하기 위한 수단이 되는 창의 프로그램을 개인의 창의를 위한 핵심 요건들을 중심으로

구축하고 운영하여 얻는 결과가 창의를 통해 추구하는 목적이 되게 하고자 하는 것이 바로 창의경영이라 할 수 있다.

2 고객가치 창조를 위한 창의경영의 핵심인 창의 프로그램

앞에서 살펴본 바와 같이, 고객가치를 창조하기 위해 창의경영을 추구하는 기업은 이를 가능하게 하는 창의 프로그램을 자사에 맞게 만들어 운영해 나가야 기대하는 집단적 창의를 체계적으로 극대화할 수 있고 이를 통해 창의경영의 목적을 달성할 수 있을 것이다. 그래서, 여기서는 창의경영의 두 가지 핵심 요소인 창의경영의 목적 (장기적으로는 비전)과 이를 달성하기 위한 수단인 창의 프로그램에 논의의 초점을 두면서, 창의경영을 구현하기 위한 실천적 창의 프로그램의 구축과 운영에 대해 자세히 논의해 보고자 한다.

(1) 창의경영의 목적

기업에서는 어떤 활동을 하든지 반드시 그 활동을 통해 단기적으로 달성하고자 하는 목적이 있어야 하고, 장기적으로는 그 것을 통해 추구하는 비전(Vision)이 있어야 한다. 구체적인 목적이 없는 활동은 기업에서 낭비가 되며 제거 대상이 될 수 밖에 없다. 창의경영도 마찬가지로, 창의 활동은 무엇을 위해 또는 어떠한 결과를 얻기 위해 해야 하는 지를 실행 전에 명확히 하고 이러한 목적이 기업의 내부 구성원들에게 정확히 소통되어 전달되고 공동의 인식을 통한 공감대가 형성되어야 한다. 설정된 목적은 왜 달성되어야 하는지 안 되면 왜 안 되는 지에 대한 당위성을 내부 구성원들이 분명히 인식하고 공감해야 이에 대한 열정이 생겨나고 확고한 목적의식을 가질 수 있게 된다. 명확한 목적/목표 설정은 이렇게 사전에 실행을 담당할 내부구성원들에게 실행의 당위성에 대한 공감을 주고 이들이 열정을 갖게 하는데도 중요하지만, 실행 후 사후적으로도 실제로 얻은 결과를 평가하는데도 없어서는 안 될 중요한 기준을 제공하게 된다.

그렇기에, 창의경영에서도 먼저 구체적으로 창의를 통해 무엇을 달성하고자 하는지 그 목적/목표를 명확히, 가능하다면 정량적으로도 해야 한다. 동시에, 이렇게 단기적으로 창의를 통해 추구하는 목적을 지속적으로 달성해 나가면, 장기적으로 어떤 미래의 모습을 기업이 갖게 될 것인지를 보여주는 비전(Vision) 또한 함께 제시되는 것도 꼭 필요하다.

(2) 창의 프로그램

여기서 말하는 창의 프로그램은 기본적으로 앞에서 언급한 창의를 통해 추구하는 목적(또는 장기적인 관점에서의 비전)을 달성하는 수단 또는 창의를 위한 솔루션이라 할 수 있다. 그리고, 이 창의 프로그램은 개인의 창의를 체계적으로 촉진하여 조직의 집합적 창의를 극대화함으로써 목적을 달성하고자 하므로, 개인의 창조적 사고를 위한 핵심 요건을 충족시킬 수 있도록 설계되고 구축되어야 한다. 여기서는 이를 편의상 창의 프로그램이라 부르고자 한다. 여하간, 명확하게 설정된 목적을 달성하기 위하여 조직 내에서 어떠한 창의 프로그램을 만들어 조직원들의 창의를 촉진하며 이를 확대해 나갈 것인가를 깊이 고민하여 자사에 맞게 창의 프로그램을 개발해야 한다. 예를 들어, Google의 20% time, IBM의 Innovation Jam, Horiba의 Black Jack, P&G의 Open Innovation, 웅진의 상상 Ocean 등은 현재 그 기업들에서 조직의 창의를 위해 운영되고 있는 창의 프로그램들이라 할 수 있다.

구체적인 사례로 Google의 20% Time이란 프로그램은 주로 Google의 소프트웨어 엔지니어들을 대상으로 그들이 창의적인 아이디어를 내고 이를 구현하도록 유도하는 창의 프로그램이다. Google의 창의 프로그램에 대해 얘기를 들어 보면, 소프트웨어 엔지니어들은 자신의 업무시간 중의 20%인 1주일에 하루를 자신이 하고 싶은 일을 정해 직속 상위 관리자와 협의한 후 실행하게 된다고 한다. 이러한 개인 작업을 하다가 고객을 위해 좋은 서비스 아이디어가 떠올라 조직 내에 제안하면 다양한 평가와 상위 관리자의 승인과정을 거치게 된다. 아이디어가 좋은 평가를 얻어 관리자로부터 다음 단계로 진행하는 것에 대해 승인을 얻게 되면, Task Force Team이 구성되어 제안한 서비스를 본격적으로 개발하게 된다. 개발된 서비스가 여러 가지 Test에서 긍정적인 반응을 얻게 되면, 최종적으로 시장에 출시하게 된다고 한다. 물론, 시장에 출시한 서비스가 고객들에게 성공적으로 수용되어 지속적인 수요를 창출하는 성과를 올리면, 당연히 사내에서의 인정과 더불어 금전적인 보상도 주어진다고 한다. 이 20% Time이라고 불리는 Google의 창의 프로그램을 통해 개발되어 시장에서 높은 성과를 낸 서비스가 많다는 얘기도 Google Campus를 방문했을 때 그들로부터 직접 들었다.

Google의 이 20% Time이라는 프로그램을 좀더 깊이 살펴보면, 성공적인 창의 프로그램의 특징을 몇 가지 찾아 볼 수 있다. 무엇보다도 먼저, 겉으로 두드러지는 특징은 아니지만 강조하고 싶은 것은 Google의 20% Time이라는 창의 프로그램 안에 녹아 있는 것으로 Google이 가지고 있는 직원들에 대한 철학적인 믿음이다. 이 프로그램을 보면, Google은 그들의 사업을 위해 필요로 하는 창의적인 아이디어를 외부에서 얻으려 하기 보다는, 내부의 직원들로부터 얻을 수 있다고 믿고 그들을 의지하고 있다는 것을 엿볼 수 있다. 더욱이, Google은 그러한 창의적 아이디어를 낼 수 있는 사람들은 다름 아닌 내부 구성원이고, 그들이 바로 창조적 사고를 할 수 있는 창의적인 사람들이라고 믿고 이러한 프로그램을 운영하고 있다는 것을 느낄 수 있다. 다시 말하면, Google은 자신들이 필요로 하는 창의의 원천은 바로 내부 구성원들이고 그들을 통해 조직의 창의가 가능하다고 생각하는 철학을 가지고 이 프로그램을 구축하고 운영하고 있다는 것이다. Google은 창의적인 사람만을 뽑아 이 프로그램을 운영한다기보다는 고용한 직원들은 누구나 창의적이라고 믿고 그들이 가지고 있는 잠재적 창의성을 이끌어 내려는 노력을 이러한 프로그램을 통해 하고 있는 것으로 보인다. 이렇게 생각되는 이유는 현실적으로 창의적인 사람을 정의하기도 어렵고 어떤 기준으로 어떻게 사람의 창의성을 평가하는가는 매우 모호하고 심지어 혼돈스럽기까지 하기 때문이다. 사람의 창의성이란 있다/없다로 명확하게 구분되는 것이 아니라, 정도의 문제이고 정도의 차이라면 창의적인 사람을 구분하기는 지극히 어렵고 기준선을 어디에 두느냐는 매우 주관적이 될 수 밖에 없어 보편적으로 수용되기 어려울 것이다. 이렇기 때문에 Google은 창의적인 사람을 뽑았다기보다는 그들이 고용한 내부 직원들에게 내재되어 있는 창의성을 믿고 이를 최대한 발현하고자 노력했을 것이라고 생각된다.

둘째, Google의 이 프로그램은 Google Engineer직원들이 수행하는 일상업무의 한 부분이라는 것이다. 업무 외에 따로 시간을 내서 해야 하는 추가적인 일로 부담이 되는 것이 아니라 일상적으로 해야 하는 당연한 업무라는 것이다. 따라서, 집중적인 노력이 요구되는 창조적 사고를 일상적으로 할 수 있어 생각의 끈을 놓지 않고 지속적으로 해 나갈 수 있을 때 창의적 아이디어의 가능성이 높아진다고 Google은 믿고 있는 것 같다.

셋째, 이 프로그램 아래서 일하는 것이 Google의 직원들에게는 해볼 만한 도전이고 재미있는 일이 될 뿐 아니라 동시에 좋은 아이디어를 내서 성공적인 결과가 나오면 내부 인정과 보상을 받을 수도 있으므로 내재적 동기와 외재적 동기 부여가 이미 이 창의 프로그램에 내재되어 있다는 것을 알 수 있다. 20% Time이라는 창의 프로그램은 이러한 평가/보상 체계를 갖춤으로써 자신의 성공이 바로 조직의 성공과 직결된다는 것을 직원들이 인식할 수 있게 설계된 것이다. 이렇게 Google은 개인의 이해관계와 조직의 이해관계가 일치될 수 있게 창의 프로그램을 구축하여 직원들의 열정적인 몰입이 지속 가능할 수 있게 만들었던 것이다.

넷째, 이렇게 설계되어 일상업무의 한 부분으로 진행되는 Google의 창의 프로그램은 그 자체가 내부 구성원들에게 개인의 창의가 왜 필요하고 왜 해야 하는지에 대한 당위성과 이러한 활동으로 인해 나오는 성과에 대해 어떠한 보상이 주어지는지, 또 어떠한 목적과 비전으로 이 프로그램이 운영되는지 등에 대한 자연스러운 소통 수단이 되어 직원들이 확고한 목적의식을 갖게 하는데 매우 효과적이라는 것이다.

마지막으로, Google이 직원들의 창의적인 아이디어를 얻고 이를 실제로 구현해 나가는 창의 프로그램을 효과적으로 운영하기 위해서 이에 맞는 환경과 여건을 갖추어 왔다는 것 또한 인지해야 할 부분이다. Google에서는 일을 하는 일터가 장난감 또는 놀이기구로 가득찬 마치 놀이터 같았고, 직원들은 일을 하다가 지루

하면 옷을 갈아입고 나가 Jogging을 하는 모습도 눈에 띄고 자유로운 일터의 분위기 등 창의 활동에 도움이 되는 여건과 환경을 조성하기 위해 많은 노력을 기울이고 있다는 것을 알 수 있었다.

이렇게 Google은 프로그램을 효과적으로 운영하기 위해 구성원들이 공유할 수 있는 명확한 목적과 비전, 실행 프로세스, 프로그램 운영과 조직 체계, 프로그램의 운영을 위한 System Infrastructure, 실행 도구, 성과/보상 체계, 조직 문화 그리고 적절한 여건과 환경 등을 포함한 요건들을 잘 갖추었다는 것을 알 수 있다.

(3) 창의 프로그램의 구성 요소

기업에서 조직 구성원들의 창조적 사고 활동을 활성화하기 위한 창의 프로그램의 구성 요소를 조직의 관점에서 고려해 보면 다음과 같이 정리해 볼 수 있다.

① 창의 프로그램의 목표와 이에 대한 내부 소통
② 직원의 창의 발현을 위한 준비/지원 활동
③ 직원의 창의 발현 활동을 위한 업무 설계
④ 창의 프로그램의 운영 프로세스
⑤ 직원의 창의 발현 활동 지원을 위한 System Infrastructure
⑥ 창의 프로그램 담당 조직
⑦ 창의를 위한 문화/환경/여건

무엇보다도 개별 기업에 맞는 창의 프로그램이 구축되어야 효과적으로 운영될 수 있을 뿐 아니라 지속 가능할 수 있기 때문에 위의 구성 요소는 업종이나 기업의 특성에 따라 얼마든지 달라질 수 있다. 그러나 여기서는 실제로 창의 프로그램을 구축해 본 경험을 토대로 하나의 예가 될 수 있는 창의 프로그램의 구성 요소를 하나씩 논의해 보고자 한다.

① 창의 프로그램의 목표와 이에 대한 내부 소통

창의 프로그램의 목표가 구체적으로 설정되면 조직 내에서 창의 프로그램과 이를 통해 달성하고자 하는 목표에 대한 적극적인 소통을 지속적으로 해 나가 조직 구성원 개개인이 창의경영을 왜 해야 하는지에 대해 명확히 이해하고 이를 통해 확고한 목적의식을 갖도록 해야 한다. 기업에서 추구하는 고객가치 창조를 위한 창의경영이 올바로 전개되기 위해서는 누구보다도 먼저 기업의 모든 의사 결정을 할 수 있는 CEO와 경영진이 고객가치 창조에 대한 굳건한 철학과 함께 고객가치 창조를 가능하게 해줄 조직의 핵심 역량이 바로 창의라는 것을 깊이 인식해야 한다. 기업의 CEO와 경영진이 조직의 구성원들이 창의에 대해 충분한 잠재력을 가지고 있으며 창의경영을 통해 이를 얼마든지 발현해 낼 수 있다는 확신이 없다면, 추진하고자 하는 창의경영은 오래 갈 수 없어 절대로 잘 될 수 없다.

그러므로 창의경영이 지속적이고 효과적으로 전개되기 위해서는 경영진이 창의경영에 대한 확고한 추진의지를 가지고 이에 대해 직원들과 끊임없이 소통하면서 창의에 대한 실행을 주도해 나가야 한다. 이러한 창의경영에 대한 경영진의 소통은 많으면 많을수록 내부 구성원들의 공감을 더 많이 얻을 수 있을 것이라고 믿는다.

② 직원의 창의 발현을 위한 준비/지원 활동

창의 프로그램에서는 조직의 개개인이 자신의 창의를 최대한 발현할 수 있도록 그들을 준비시키고 지원해야 하는데, 그 중에서 없어서는 안 될 정도로 중요하기에 반드시 포함되어야 할 것은 창의와 관련된 교육과 창의 발현을 위한 Input 활동이라 할 수 있다.

● 창의에 대한 전반적 교육

창의 프로그램에서 교육은 매우 중요한 역할을 한다. 여러 가지 교육 중에서 가장 먼저 실시해야 할 부분은 창의, 즉 개인의 창조적 사고에 대한 전반적 교육이다. 이러한 교육이 중요한 이유는 많은 사람들이 창의에 대해 피상적으로 알고 있거나 오해를 가지고 있어, 창의에 대한 올바른 이해가 선행되지 않고서는 창의 활동이 효과적으로 전개될 수도 없고 결국 창의경영의 실행이 올바르게 될 수 없기 때문이다. 지난 몇 년에 걸쳐 사람들은 창의에 대해 어떠한 생각을 가지고 있는지를 살펴보기 위해 많은 사람들을 접해 보았는데 그들은 창의에 대해 많은 질문을 가지고 있었다. 그들로부터 받은 창의에 대한 질문 중에 몇 가지를 예로 적어 보면 다음과 같다.

- 창의적인 아이디어를 얻기 위해서는 창의적인 사람을 뽑아야 하는 것 아닌가요?
- 저같은 보통사람도 창의적인 사람이 될 수 있나요?
- 창의적 사고는 왜 어려운가?
- 창의적인 조직을 만들려면 어디서 어떻게 시작하고 뭘 어떻게 해야 되나요?
- 조직원들의 창조적 사고가 잘 안되는 이유는 무엇인가요?
- 창의성을 기르는 방법은 무엇인가?
- 창의적이라는 기준은 무엇인가?
- 주입식 교육이 창의를 방해하는가?
- 창조적 사고를 하기 위한 자세는?
- 화장실에서의 여유 시간을 통해서 창의적인 생각을 해보는건 어떨까?
- 꼭 창의적이어야 하는가? 창의적이지 않으면 세상을 살아가기 힘든가?
- 창조적 사고는 유전적인 부분도 있는가?
- 고정 관념 자체가 창의적 사고보다 좋은 경우도 있지 않을까?
- 창조적 사고는 어떤 환경/어떤 분위기에서 잘 나올까?
- 창조적 사고가 나의 인생을 바꿀 수 있겠는가?
- 왜 나는 다른 성공한 사람같은 창의적 사고가 안 나오는가?
- 창의성이 높은 나라는 어디인가요?
- 창의성에도 일반적으로 알려진 남녀간의 차이가 존재하나요?

- 좋은 창조적 아이디어는 어떻게 선별할 수 있는가?
- 내 생각을 가장 잘 표출할 수 있는 장소는 어디인가?
- 창의적 사고를 하려면 어떤 습관이 필요한가요?
- …

위의 질문들을 보면 사람들은 창의에 대해 미흡하거나 피상적인 이해 또는 심지어 적지 않은 오해를 가지고 있다는 사실을 발견할 수 있다. 이에 대해 생각해 보면, 실행의 주체가 되는 조직의 개인들이 실행의 대상이 되는 창의에 대해 잘 알지 못하거나 그릇된 이해를 가지고 있다면 실행이 잘 될 수 있을까 하는 의문을 가질 수 밖에 없다. 모든 사람이 동의할 수 있듯이, 사람은 자신이 잘 모르는 일을 잘하기는 쉽지 않다. 마찬가지로, 창의에 대해 잘 모르면서 창의를 잘 하기는 어려울 것이다. 그러므로 창의에 대한 올바른 이해가 실행보다 먼저 이루어져야 한다고 생각한다. 이러한 이유로 창의 프로그램을 실시하고자 하는 조직 내에서 창의의 주역이 되는 직원들을 위해 창의에 대한 전반적인 교육이 이루어져야 한다. 조직 내에서 실제로 창의적인 아이디어를 발현할 직원 개개인들이 창의에 대해 올바른 이해를 가져야만 그들의 창의가 활성화될 수 있고 그렇게 되어야 기업에서 추진하는 창의경영이 잘 될 수 있는 것이다.

● 창조적 사고기법에 대한 훈련/교육

기업에서 일하는 사람들은 자신이 속해 있는 사업과 제품에 대해 가지고 있는 애착으로 인해 의식하지 못하고 있는 아전인수격의 고정관념과 공급자 중심적인 사고를 가지고 있는 경우를 자주 보게 되는데, 이는 고객가치 창조를 위한 개인의 창조적 사고에 커다란 걸림돌이 되고 있다. 이러한 걸림돌을 극복하기 위한 훈련/교육이 필요하고, 실제 고객과 접하는 현장에서의 직접 체험을 통해 고객 중심적 사고로 전환하려는 노력을 해야만 한다.

이를 위해서는 사람이 생존의 본능을 가진 동물인 한 어쩔 수 없이 가지게 되는 생각의 고착화를 극복하고 새로운 아이디어를 착상할 수 있는 창조적 사고 기법에 대한 훈련/교육을 조직의 개인들에게 실시해야 한다. 이러한 훈련/교육을 통해 직원 개개인이 창조적으로 사고할 수 있는 역량을 높여 실제로 창의적 아이디어를 찾는 창조적 사고 활동을 효과적으로 해나갈 수 있게 지원해야 한다. 동시에, 창의적 아이디어를 착상하는데 도움이 되는 도구와 떠오른 아이디어를 놓치지 않게 신속하게 기록하거나 저장할 수 있는 도구들도 만들어 지원해 주는 것도 필요하다.

● 창의 발현을 위한 Input 활동

창의적인 아이디어를 얻으려면 개인은 끊임없이 뇌에 자극을 주면서 정신적 활동을 촉진하여야 한다. 신경과학에 의하면, 뇌의 활동 중 사람이 의식화하는 것은 5%에 불과하고 나머지는 무의식 또는 잠재의식 속에 묻히게 된다고 한다. 이렇게 사람이 창의적인 아이디어를 의식화하여 도출하기 위해서는 사고를 담당하는 뇌에 자극이 주어져야 한다.

매일 같은 환경에서 같은 사람들과 같은 일을 반복적으로 하게 된다면, 뇌에 자극이 될 만한 일이 별반 없을 수 밖에 없어 생각을 촉진할 수도 없고 결국 창의적 아이디어가 생겨나기 힘들다. 창조적 사고는 무에서 유를 창조할 수 있는 것이 아니다. 조직의 개인들이 어떠한 성과를 낼 수 있는 창의적 아이디어를 발현 하는가는 그들의 창조적 사고 활동에 달려있다고 할 수 있으므로, 직원 개인들의 창조적 사고 활동을 위해 필요한 Input이 사전에 충분히 주어져야 한다. Information Overload가 될 리스크도 있어 창조적 사고를 위한 Input이 많으면 많을 수록 반드시 좋은 것(多多益善)은 아닐 수는 있지만, Input이 절대적으로 부족하거나 불충분한 상황에서는 독창적 아이디어가 나오기 어렵다고 생각한다.

따라서, 고객가치 창조를 위해 조직에서 직원들의 창의를 촉진하기 위해서는 고객과 관련된 다양한 정보/지식 교류, 토론, 전문가들의 강연, 직접 관찰과 체험, 고객 가정 방문 등으로 다양한 자극을 줄 수 있는 Input 활동이 반드시 필요하다. 특히, 고객들의 불편, 고충/고통, 문제, 기대, 재미, 기쁨/즐거움, 니즈에 대한 정보와 지식을 제공할 수 있는 다양한 Input 활동을 실행해야 하는데 몇 가지 예를 소개한다.

- 고객의 불편, 고통, 문제, 기대, 재미, 기쁨/즐거움, Needs에 대한 적극적인 청취 활동
- 고객의 Needs에 대해 질문하고 답변하는 활동(Q&A 활동)

- 고객의 Needs에 대한 토론
- 고객의 Needs를 충족시킬 솔루션에 대한 아이디어 교환
- 고객의 일상 생활에 대한 동영상 시청
- 고객 인터뷰 활동
- 고객 조사 활동
- 고객들의 제품/서비스 사용 환경 관찰
- 고객 가정 방문
- 고객 연구 결과에 대한 정보 공유
- 시장에서 성공한 제품들의 고객가치에 대한 토론
- 기존 제품들의 개선점 도출과 개선 방안에 대한 토론
- 미래의 고객 생활에 대한 Scenario 작성 연습 활동
- …

위의 예에서 보듯이, 개인의 창조적 사고를 위해 뇌를 자극할 수 있는 방법은 실로 무한하다고 할 수 있으므로, 업종과 기업에 적합한 Input 활동을 만들어 직원들의 창조적 사고를 촉진할 수 있는 다양한 Input을 지속적으로 제공해야 할 것이다.

③ 직원의 창의 발현 활동을 위한 업무 설계

사람은 자신이 필요로 하는 아이디어를 찾고자 노력할 때 집중적인 사고를 하게 된다. 그러나, 이러한 정신적인 활동이 자투리 시간을 내어 틈틈이 이루어진다면, 사고의 흐름과 탄력을 잃게 되어 얻고자 하는 창의적 아이디어 발현이 어려워질 수 밖에 없다. 마찬가지로, 기업에서 일하는 직원들이 고객가치 창조를

위한 창의 활동을 할 때, 이러한 창의 활동이 그들의 일상 업무의 한 부분이 아니라 추가적인 일이 되면 직원들에게는 부담이 될 수 밖에 없어 쉽게 하게 되지 않는다. 그렇게 된다면, 기업에서 하고자 하는 창의경영은 잘되기 어렵고, 실제로 과거에 많은 기업들이 시도했는데 잘 안 되었던 제안 제도의 결과와 유사한 모습으로 끝나기 쉽다. Google의 20% Time이라는 창의 프로그램에서도 보았듯이, 고객가치 창조를 위한 직원들의 창조적 사고 활동은 반드시 개인의 일상 업무의 한 부분으로 설계되어 창의적 아이디어를 착상(着想)할 때까지 사고 활동을 지속할 수 있게 되어야 한다.

창의 활동을 추진하는 기업들을 대상으로 실시한 인터뷰에서 언급한 내용을 몇 가지 공유해 보면 다음과 같다.

- "일상업무가 많고, 업무에 치여 새로운 아이디어를 내는 것이 쉽지 않다."
- "Ideation에 몰입할 수 있는 시간적인 여건이 안 된다."
- "경영진들은 금방 결과가 나오는 것에만 매달리고 그것도 빨리 하라고 재촉하니 다른 것 생각할 겨를이 없다."
- "왜 Ideation 활동을 해야 하는 지에 대한 메시지와 목적이 명확하게 전달되지 않아 잘 모르겠고 시간도 없어 하고자 하는 의욕도 잘 안 생긴다."
- "아이디어를 위에서 내라고 하면 시간이 없어 건수 맞추기에 급급하다."
- …

이러한 직원들의 언급을 보면, 현업에서 지금의 업무 설계 하에서 진행되는 창의 활동은 개인에게 주어진 본업을 하면서 추가적으로 창의적 아이디어를 내는 일을 하게 되므로 직원들이 창의를 자유롭게 발현할 수 있는 여건이 안 된다는 것을 어렵지 않게 알 수 있다. 이러한 현실을 이해하고 내재되어 있는 문제를 해결할 수 있도록 조직에서 개인의 업무가 다시 설계되지 않는다면 기대하는 조직의 창의 활동은 활성화되기 어려울 것이다.

기업의 모든 직원을 대상으로 창의 활동을 추진해 나갈 수도 있고 때론 현재 여러 기업에서 하듯이 조직의 창의 활동에 참여시킬 기능이나 부서를 정해서 할 수도 있다. 예를 들어, Google의 20% Time이라는 프로그램은 주로 Software Engineer를 대상으로 하고 있고, 일본의 Horiba같은 경우는 거의 모든 직원들을 대상으로 Black Jack이란 프로그램을 운영한다고 한다. 이렇게, 창의 프로그램의 대상을 정하는 것은 기업마다 업종이나 조직의 특성에 맞게 달라질 수 있겠지만, 중요한 것은 창의 프로그램의 대상이 되는 직원들은 그들이 적극적으로 창의 활동에 참여할 수 있도록 현재 하고 있는 업무를 다시 설계하여 적절한 여건을 만들어 주어야만 한다는 것이다. 그러므로, 효과적인 창의 프로그램을 구축하고 지속적으로 실행해 나가기 위해서는 직원들의 일상 업무와 창의 프로그램이 공존할 수 있도록 직원들의 업무와 필요하다면 Roles and Responsibilities까지 다시 설계하는 것이 필요할 것이다.

여태까지 조직의 창의를 위해 필요한 직원의 업무 설계에 대한 논의는 창의 프로그램에 참여하는 직원들이 본업과 더불어 창의 활동이 일상 업무의 한 부분이 되어 병행해 나가는 모습에 초점을 두고 진행되었다. 그런데, 이렇게 본업의 한 부분으로 창의 활동을 실행하는 경우와는 달리, 창의 활동 자체가 본업의 모든 것이 되는 업무 설계나 조직도 가능하고 실제로도 여러 가지 형태의 이름과 모습으로 실행되어 오고 있다. 예를 들어, 미국의 방위산업체인 Lockheed Martin의 Skunkworks라고 하는 조직은 신제품 또는 신사업을 위한 창의적 아이디어를 찾고 이를 구현해 내는 일을 본업으로 하여 U-2, SR-71, F-117 Nighthawk, F-22 Raptor 등을 포함하여 잘 알려진 항공기 디자인을 책임지고 개발했다. Lockheed Martin의 이러한 활동에서 비롯하여 Skunkworks 라는 용어는 공학과 기술 분야는 물론 경영 분야에서도 높은 수준의 자율성을 가지고 신사업과 관련된 또는 극비리에 추진되는 과제를 담당하는 조직을 일컫는다. 이렇게 Skunkworks라 불리는 조직에서는 구성원들의 창의 활동을 통해 새로운 아이디어뿐 아니라 실제로 새로운 제품 또는 새로운 사업 개발까지 전적으로 책임지며 이를 본업으로 하게 되는 업무 형태가 오히려 일반적이다. 실상, 필자도 미국의 Hughes Electronics란 기업에서 NVO (New Venture Organization)라는 조직에서 근무한 경험이 있는데, 그 때의 업무는 하루 종일 미래의 기술에 대한 논의를 하고 이를 예측할 수 있는 방법도 만들어 보고 미래의 모습을 그려 보면서 새로운 아이디어 그리고 새로운 사업을 구상하는 선행연구가 대부분이었다. 이러한 업무 형태와 조직은 많은 경우 특별한 목적을 가지고 이를 일정 기간 내에 달성하기 위해 필요로 하는 별도의 업무와 조직으로 운영되는데, 이는 현업에서의 일상업무와 요구되는 창의 활동이 병행하게 되면 기존의 일하는 방식 또는 업무 프로세스에 매몰되어 새로운 발상을 하기 어려울 때 활용된다.

④ 창의 프로그램의 운영 프로세스

창의 프로그램을 구축하여 실행하게 되면 조직 내의 개인들이 창의적 아이디어 발현, 아이디어 구체화, 아이디어의 자가 평가, 아이디어 제출, 아이디어 평가와 Feedback 제공, 아이디어 정교화, 아이디어 구현에 대한 의사결정, 의사결정 후 후속작업 등 다양한 창의 관련 활동들이 전개된다. 그러므로, 이러한 창의 관련 활동들이 효율적으로 진행되기 위해서는 활동 간의 연관성, 중복성, Synergy 가능성 등을 잘 고려하여 창의 프로그램을 실시하기 전에 많은 생각을 통해 낭비와 충돌을 최소화하고 최대한의 성과를 낼 수 있는 운영 또는 실행 프로세스를 구축해야 한다. 그러면 이러한 실행 프로세스를 구축하는 과정에서 반드시 고려해 보아야 할 것들을 함께 살펴보자.

● 사전에 설정된 수준에 도달할 때까지 자신의 아이디어 정교화

조직의 개인들이 창의를 자신의 일상업무의 한 부분으로 인식하고 지속적으로 사고 활동을 하게 되면, 어느 순간 갑자기 찾고 있던 아이디어가 떠오를 수 있다. 그런데, 이런 초기의 아이디어는 많은 경우 거칠거나 엉성하여 구체성이 낮은 경우가 많다. 이런 상태의 아이디어를 낸 개인들이 무차별적으로 창의 프로그램 내에서 정식으로 평가 받고자 자신의 초기 아이디어를 제출하게 되면 평가를 담당하는 평가자 또는 평가단의 평가 업무가 지나치게 많아져 감당할 수 없는 부담이 되어 창의 프로그램이 효율적으로 운영되기 어렵다.

효과적으로 창의 프로그램을 운영하고 있는 기업들을 방문하여 애기를 들어보면, 그들의 창의 프로그램을 통해서 나오는 아이디어 중에서 진정 쓸만한 아이디어는 2~3% 정도 밖에 안 된다고 한다. 그러므로, 설익은 아이디어들이 너무 많이 제출되어 그 많은 아이디어들을 조직 내에서 평가를 해야 한다면 실로 큰 부담이 될 수 밖에 없다. 그래서 이러한 비효율로 이어질 수 있는 문제와 평가의 부담을 최대한 줄이기 위해서는 개인이 자가평가를 시도하여 자신의 창의적 아이디어를 제출하기 전까지 최대한 정교화하도록 하는 프로세스를 만들어 활용하는 것이 필요하다. 특히, 평가의 문제를 고려하여, 조직에서 모든 개인이 사용할 자가 평가표(자가 평가표는 앞 장에서 제시한 것을 예로 참고해도 좋겠다.)를 만들어 제시하고 자가 평가 결과가 어느 수준에 도달할 때에만 개인의 아이디어를 사내 시스템에 제출하여 평가단의 공식적인 평가를 받을 수 있게 프로세스를 설계하고 운영하는 것이 효율적인 결과를 가져올 것이다.

● 아이디어 평가단의 공식평가를 일정 시간 내에 실시하여 평가 결과와 Feedback을 신속히 제공

창의 프로그램 내에서는 직원이 아이디어를 내고 이에 대한 공식적인 평가를 받고자 사내 시스템에 제출하면, 그 아이디어는 시스템 내에서 선정된 평가자들로 구성된 평가단으로 보내져 공식적인 평가를 받게 된다. 이러한 평가를 할 때는 가능한 여러 부서, 예를 들어 마케팅, R&D, 품질, 영업 등의 부서에서 평가를 할 수 있는 역량을 갖춘 사람들로 평가단을 구성하여 다양한 시각에서 제출된 아이디어를 종합적으로 평가하도록 하여 가능한 객관적이며 체계적인 평가가 되도록 해야 한다.

또한 단순히 지금 수준의 아이디어에 대한 평가만 하는 것이 아니라 그 아이디어를 현재 상태에서 무엇을 어떻게 하면 개선할 수 있는 지에 대한 구체적인 Feedback을 제시하여 주는 것은 아이디어를 제출한 사람을 위해서 또 이러한 창의 활동을 위한 문화 조성을 위해서도 꼭 필요하다. 또한 이 평가 단계에서 꼭 고려해야 할 것은 제출된 아이디어에 대한 평가 시한이다. 아이디어를 제출한 개인의 입장에서 생각해 보면, 그 개인에게는 제출한 아이디어의 평가가 매우 중요하므로 어쩌면 애를 태우며 평가를 기다리고 있을 수 있다. 어쩌면 이것은 당연한 현상일 것이고 그렇다면 이에 대한 배려가 창의 프로그램에 반영되는 것은 이 프로그램에 참여하는 사람들에게 재미/기쁨/격려가 될 수 있기에 바람직하다고 하겠다.

사람은 예측이 가능한 것에 대해서는 심리적 불안과 염려를

줄일 수 있다고 한다. 그러므로 제출된 아이디어를 가능한 빨리 평가하여 결과를 제출자에게 Feedback해 주는 것을 원칙으로 하되, 평가 결과 제공에 대해 마감 시간을 정해 두는 것도 필요하다. 예를 들어, 48-hour Turnaround 등과 같은 마감시간에 대한 규칙을 세우고 일관성 있게 지켜 나간다면 아이디어 제출과 평가가 원활히 진행될 수 있을 것이다. 물론, 이러한 마감 시간에 대한 규칙을 실제로 적용할 때 평가자에게는 부담이나 문제가 발생되지 않도록 필요하다면 보완적인 장치를 마련해 두어야 할 것이다. 결국, 얼마나 많은 것들을 창의 프로그램을 참여하는 직원들의 입장에서 생각하고 배려하여 운영프로세스를 만드느냐가 이 프로그램의 성과를 좌우할 것이라고 믿는다.

● 아이디어 평가에 따른 의사결정

사내에서 직원이 제출한 아이디어의 공식적인 평가가 이루어지면, 그 아이디어의 다음 단계에 대한 의사결정이 이루어져야 한다. 이 의사결정은 평가단의 다면 평가에 기반하여 이루어 져야 하는데, 2 가지 결과로 즉, Go 또는 No-go로 나타나게 된다. Go라는 의사결정이 이루어지면, 자동적으로 아이디어의 실제 구현을 위해 조직 차원에서 Project로 등록되어 Task Force Team이 구성되고 아이디어를 제출한 개인이 Ownership을 가진 Full Time 업무로 프로젝트가 진행되도록 창의 프로그램의 운영 프로세스가 설계/구축되어야 한다. 반면, 의사결정이 No-go로 나타나는 경우에는 구체적인 Feedback과 함께 평가 결과가 제출자에게 보내지되, 무엇이 문제였고 그 문제에 대해 평가단은 어떠한 과정을 거쳐 이러한 결론에 도달 했는지에 대해서 상세한 설명을 포함시킨다면, 아이디어를 제출한 직원이 결과를 기꺼이 수용하고 다시 도전해 볼 수 있는 격려가 될 것이다.

■ 아이디어 평가에 따른 의사 결정

- Go 의사결정 → 아이디어 구현을 위한 Task Force Team을 구축하고 조직차원에서 등록된 프로젝트로 진행
- No-go 의사결정 → 상세한 Feedback과 함께 제출자에게 평가결과 송부

● 아이디어 평가와 의사결정 이후의 단계들

아이디어가 체계적으로 평가되고 평가단에서 아이디어에 대한 잠재력이 확인되어 Go라는 의사결정이 이루어지면, 프로젝트로 등록되고 다음 단계로 실제 구현을 위한 실행이 진행될 때는 그 프로젝트가 창의 프로그램 내에서 실행되는 것보다는 관련 사업부로 이관되어 진행하는 것이 여러 가지 면에서 좋을 것이라고 생각한다.

창의 프로그램의 효율적인 운영과 의사 결정 후에 요구되는 업무를 고려해 본다면, 창의 프로그램은 조직이 필요로 하는 아이디어를 직원들의 창의를 통해 잉태하게 하는 역할까지만 담당하는 것이 바람직하다고 여겨진다. 조직에서 창의 프로그램을 통해 개인이 제출한 아이디어가 평가를 거쳐 수용되면, 그 아이디어를

실제로 구현하고 고객 검증을 거쳐 시장에서 출시되고, 그 이후 실제 사업을 위한 운영까지 생각해 보면 업무의 중복과 충돌을 줄이기 위해서는 수용된 아이디어의 실제 구현과 사후 업무는 담당 사업부가 주도해 나가는 것이 적절할 것이다. 다시 말하면, 제출된 아이디어에 대해 Go라는 의사결정이 이루어 지면 실상 그 아이디어는 실질적으로는 창의 프로그램에서 떠나 관련 사업부로 옮겨져 실제 구현, 고객검증, 그리고 시장 출시 등의 후속 조치들이 이루어지는 것이 전반적인 창의경영의 효율과 효과를 높이는 방법이라 생각한다.

⑤ 직원의 창의 발현 활동 지원을 위한 System Infrastructure

조직에 적합한 창의 프로그램을 설계한 후 이를 효과적으로 운영하기 위해서는 직원들의 창의 활동과 창의 프로그램의 운영 프로세스와 관련된 단계별 활동을 지원해 줄 수 있는 System Infrastructure (예를 들면, 사내 시스템 또는 Intranet 시스템)가 적절히 갖추어져야 한다. 그래서 조직 내의 직원들이 운영 프로세스를 이해하고 이 프로세스에 따라 개인은 자신이 제출한 아이디어가 어느 단계에서 어떤 과정을 거치고 있는지 그리고 앞으로 거쳐야 하는 단계들을 용이하게 확인할 수 있게 되어야 창의 프로그램에 대한 직원들의 재미와 관심을 유지할 수 있게 될 것이다. 또한 제출한 아이디어에 대해 평가자들로부터 보내진 Feedback도 쉽게 볼 수 있어 무엇을 어떻게 하면 아이디어를 개선해 나갈 수 있는지를 알 수 있게 도와주는 시스템이 갖추어져야 조직 내에서 창의 프로그램에 참여한 직원들이 식지 않는 열정과 관심으로 창의적 사고 활동에 지속적으로 동참할 수 있게 될 것이다.

⑥ 창의 프로그램 담당 조직

실제로 창의경영의 열쇠가 되는 창의 프로그램을 설계하고 이를 운영해 나가기 위해서는 담당 조직이 필요하다. 디자인이나 품질 등과 같이 기업 경영에서 중요하다고 생각되는 다른 조직의 기능과 마찬가지로, 창의도 기업의 핵심 역량이고 이를 담당할 부서가 있어야 한다. 이 부서가 앞에서도 언급했지만 조직 내에서 직원 개인들의 창의를 촉진하고 지원하는 역할을 담당해야 한다. 이 조직은 기업 내에서 창의 활동을 활성화하는데 중심이 되는 창의 프로그램을 만들고 운영하는데 필요한 모든 준비, 지원, 관리 활동을 담당한다. 마치, P&G에서 Chief Innovation Officer를 중심으로 한 Innovation Center와 같이, 이 조직은 실제로 창의적 아이디어의 잉태, 초기 아이디어의 정교화, 제출된 아이디어의 평가 그리고 아이디어 구현에 대한 의사결정까지의 운영프로세스 전체를 관장한다. 따라서, 이 조직에 적절한 책임과 권한이 구체적으로 주어져야 할 것이다.

⑦ 창의를 위한 문화/환경/여건

조직 내에서 개인의 창조적 사고가 활성화되어 조직의 창의성이 꽃 피우기 위해서는 개인이 접하고 있는 조직의 문화적 환경이 매우 중요하다. 새로운 아이디어를 제안하면 시간과 자원을 제공해 주지도 않으면서 아이디어를 제안한 사람에게 '그럼 그거 니가 한번 해봐!' 또는 '니가 제안하는 거니까 니가 해야 되겠네!' 등의 부메랑이 되어 돌아오는 조직 문화 아래서는 내부 구성원들이 아이디어를 제안할 이유가 없다. 아이디어를 제출하거나 제안하면 그것이 자신에게 주어진 업무 외에 또 하나의 숙제로 돌아온다면 아무도 자신의 아이디어를 제안하지 않게 될 것이다. 또한 조직의 내부 구성원 서로가 개인의 창의를 죽이는 언어와 부정적인 반응을 보이는 분위기에서는 개인의 창조적 사고와 창의적 아이디어 발현이 위축되기 쉽다. 조직 문화와 관련하여 한 가지 인식해야 할 것은 개인의 창의를 죽이는 말이나 표현들은 한국기업에만 있는 특별한 것이 아니라는 것이다. 밑에 나열된 것과 같이, 국내기업에서 개인의 창의를 죽이는 말들을 모아 보았는데 영어권의 기업에서 나오는 말과 놀라울 정도로 흡사하고 크게 다르지 않다는 것을 엿볼 수 있다.

- 그거 이미 해 보았어, 잘 안돼!
  We tried that before.
- 어리석은 짓 하지마!
  Don't be foolish.

▸ 실수 저지를 여유가 없다.

We can't afford to make a mistake.

▸ 현실적으로 생각해!

Be practical.

▸ 답은 하나야! 방법은 한 가지 뿐이다.

There is only one way.

▸ 그거 확실한 거야? (최선이야?)

Be serious.

▸ 잘 안되면 책임질 수 있어?

Think of your image.

▸ 그냥 회사 규칙대로 해!

Follow the rules.

▸ 그건 비논리적이야!

That's not logical.

▸ 선 밖으로 나가 튀지 마라

Stay within the lines.

▸ 현실적이지 않아!

It's not practical.

▸ 그런 일은 한 번도 없었다.

It's never been done.

▸ 더 급한 일도 많아 할 수가 없어.

It can't be done.

▸ 그냥 질러보자는 거야? 그거 안돼!

It didn't work for them.

▸ 질문하지 말고 그냥 해!

Don't ask questions.

- 일단, 상황을 보자구! 그거 일이 너무 많아져!
  It's too much work. Let us wait and see.
- 그거 관리하기 힘들어!
  It will be too hard to administer.
- 그거 할 시간 없어.
  We don't have the time.
- 다른 데서도 하는 거야?
  Don't be different.
- 좋은데, …
  Yes, but, …
- 쓸데없는 생각이야!
  That is frivolous.
- 안되면 끝장이야!
  Failure is final.

→ 조직에서 개인의 창조적 사고를 가로 막는 말은 동양과 서양이 크게 다르지 않다.

세상 어디에서든지 사람이 함께 모여 일하는 기업이라면, 동양과 서양을 막론하고 조직에서 개인의 창의를 가로 막는 것들이 있기 마련이다. 특히 자신의 말을 남들이 들어주기 원하는 인간 본성에 비추어 보면, 남의 말에 경청한다는 것은 기업의 조직에서는 오래된 문화적 도전이 아닌가 생각한다.

또 한 가지 국내기업에서 관찰되는 것으로 바뀌어야 할 문화적 현상은 같은 조직 내에서 다른 사람의 의견에 반하는 주장을 하기가 무척 어렵다는 것이다. 특히 경영자나 의사결정자들이 주장하는 것은 내용이 설사 틀렸다 하더라도 강하게 반대 의견을 내지 못하는 조직 문화 아래에서는 직원들이 제안하는 도전적인 아이디어가 사장되거나 그릇된 의사 결정을 할 가능성이 얼마든지 존재한다. 신사업에 대한 생각은 모든 가능성을 열어 놓고 찬반 의견을 충분히 들어보고 필요하다면 끝장 토론도 해 본 후 의사결정이 이루어져야 하는데, 한 쪽의 의견만 듣고 성급하게 의사결정이 이루어져 궁극적으로는 실패로 끝나는 경우도 발생한다. 회의석상에서 마주보며 반대 의견을 내는 것이 문화적으로 어렵다면, 서면으로라도 관련 담당자들의 다양한 의견을 모아서 신사업에 대한 다양한 생각들을 깊이 있게 논의를 해 나가 그릇된 의사결정을 방지하는데 노력을 기울여야 할 것이다. 또한, 과거에는 물론 최근에도 변화를 쫓아 가지도 못하면서 자신의 과거 경험과 편협한 생각에 매몰되어 직원이 제안한 아이디어의 잠재력을 제대로 파악하지도 못한 채 거절해 버리는 경영자나 의사결정자를 주위에서 종종 보곤 한다. 이런 불행한 사례도 반복되지 않도록 실행 프로세스와 의사결정 프로세스를 새로이 설계함으로써 의미 있는 창의적 아이디어들이 많이 탄생할 수 있도록 지혜롭게 이러한 문화적 문제를 해결해 나가야 할 것이다.

조직의 창의에 대해 언급하면서, 혹자는 창의를 위한 조직 문화가 먼저 조성되거나 정착되지 않으면 조직 내에서 개인의 창의 발현은 어렵다고 한다. 이러한 주장은 일면 일리 있는 얘기일 수 있지만, 창의를 위한 조직 문화란 구체적으로 정의하기도 어려울 뿐 아니라, 그 조직 문화의 완성 수준이 어느 정도 되어야

하는지에 대한 정량적 측정도 가능하지 않기 때문에 실천적인 주장이 아닌 원론적인 이야기로 들릴 수 밖에 없다. 창의를 위한 완전한 조직 문화를 갖추는 것이 창의 발현에 앞서 선행되어야 하는 것이라기보다는, 어쩌면 조직에 맞는 창의 프로그램을 만들어 운영해 나가면서 이를 위한 조직 문화를 동시에 병행적으로 만들어 나가는 것이 바람직하지 않은가 생각한다.

조직의 문화와 더불어 사내의 물리적 환경과 제도적 여건도 조직 내에서 직원들의 창의 발현에 중요한 영향을 미친다. 삽입된 사진들은 필자가 Google Campus를 방문했을 때 찍은 사진들로 그들이 일하는 물리적 환경을 보여주고 있는데, 자유로움과 무질서, 여유 등이 느껴진다고 하겠다.

창의 프로그램을 운영하는데 필요한 또 다른 요건을 생각해 보면, 고객가치 창조를 위해 실행되는 창의 프로그램은 재미있고 즐거워 내부 직원들이 기쁜 마음으로 기꺼이 참여할 수 있어야 한다. 사람은 자신이 재미를 느끼고 좋아하는 일을 찾아 하기 마련이다. 이러한 인간의 본성과 어우러질 수 있게 내재적 동기를 줄 수 있는 프로그램을 만들어 내부 구성원들이 재미있게 창의 활동을 해 나갈 수 있게 만들어야 한다. 예를 들어, 국내의 웅진그룹에서 실행하고 있는 상상오션이라든지, 창의적 아이디어 경진대회, 창의 활동의 Best Practice/Best 부서 수상, 창의적 아이디어 축제/행사, 창의의 날, 부서간의 아이디어 경합대회, 아이디어 챔피언, 이달의 아이디어 등등 조직에서 창의의 주역인 직원 개인들이 즐겁게 일할 수 있는 환경과 여건을 만들어 나가야만 효과적이고 지속 가능한 창의 프로그램이 될 수 있어 창의경영이 정착될 수 있을 것이다.

위에서 논의한 창의 프로그램의 구성 요소들을 포함하는 고객가치 창조를 위한 창의경영 체계를 다음 그림과 같이 가시화해 보았다.

고객가치 창조를 위한 창의경영 체계

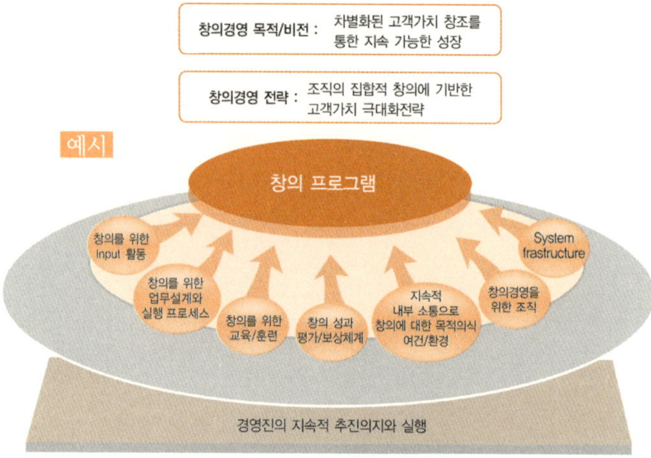

고객가치 창조의 첫 단추가 되는 창의가 꽃 피는 조직이 되기 위해서는 조직의 내부 구성원들이 당면하고 있는 창의의 걸림돌/장애 요인들을 밝혀내고, 이를 해결할 수 있는 솔루션을 바탕으로 기업에 맞는 창의 프로그램을 구축하여 개인의 창의를 극대화할 수 있도록 창의경영을 실행해 나가야 한다.

요약과 메시지

- 기업에서 창의가 잘 안 되는 이유는 창의에 대한 이해, 창의를 위한 여건, 그리고 창의를 위한 실행이 미흡하기 때문이다.
- 개인의 창의를 무엇으로 인식하느냐에 따라 조직의 사고와 실행이 달라질 수 있기 때문에 창의에 대한 올바른 인식이 중요하다. 개인의 창의는 개인이 가지고 있는 기량(Skill)이고, 동시에 이는 학습과 훈련으로 (물론, 개인의 차이는 존재하지만) 어느 수준까지는 개선이 가능하다.
- 고객가치 창조의 첫 단추가 되는 창의는 기업의 핵심 역량이고, 창의에 대한 실행보다 창의에 대한 올바른 이해가 선행되어야 하고, 올바른 이해와 더불어 집요한 실행이 다른 기업과의 차이를 만든다.
- 기업에서 개인 창의에 걸림돌이 되는 장애요인들은 여전히 산재해 있고 창의를 위한 여건 조성이 미흡하여 이대로는 기업이 창의로부터 기대하는 결과를 얻기 어려워 보인다. 창의적인 아이디어는 준비된 사람과 준비된 조직에서만 가능하다.
- 창의경영이란 기업 내에서 조직 창의의 주역이 되는 직원 개개인의 창조적 사고를 최대한 발현할 수 있는 체계를 갖추어 운영하고자 하는 것이고, 이를 위한 핵심 요건들은 다름아닌 조직의 구성원인 개인의 창의에 걸림돌을 해결해주는 솔루션들이라 할 수 있다.
- 성공적인 창의경영이 되기 위해서는 기업에서 창의경영의 목적을 달성하기 위한 수단이 되는 즉 창의 프로그램이 명확한 목적/비전, 창의를 위한 내부 소통, 성과/보상 제도, 창의 관련 교육, 창조적 사고 기법에 대한 교육, Self-leadership 교육, 창의를 위한 Input 활동, 아이디어 평가 체계 (평가 집단, 평가 도구, 평가 프로세스 등), 업무 여건, 조직 문화,

조직의 창의 활동을 지원하기 위한 System Infrastructure 등을 기본적으로 갖추고, 이와 더불어, 자사에 맞는 자사만의 창의 프로그램을 구축하고 운영해 나가야 한다.

- ✔ 창의경영의 두 가지 핵심 요소는 창의경영의 목적 (장기적으로는 비전)과 이를 달성하기 위한 수단인 창의 프로그램이다.
- ✔ 창의 프로그램의 구성 요소를 정리해 보면 다음과 같이 정리해 볼 수 있다.

① 창의 프로그램의 목표와 이에 대한 내부 소통
② 직원의 창의 발현을 위한 준비/지원 활동
③ 직원의 창의 발현 활동을 위한 업무 설계
④ 창의 프로그램의 운영 프로세스
⑤ 직원의 창의 발현 활동 지원을 위한 System Infrastructure
⑥ 창의 프로그램 담당 조직
⑦ 창의를 위한 문화/환경/여건

V

고객가치 창조의 실제 구현을 가능하게 하는 실행에 대하여

V

고객가치 창조의 실제 구현을 가능하게 하는 실행에 대하여

"결국, 실행이 그런 차이를 만드는 것이죠!"

H 경제일보의 산업부 기자인 호연우기자는 우리나라 IT업계의 Software 수준을 파악하고 미래를 위해 무엇을 해야 되는지에 대해 기사를 쓰기 위해 한국전자의 R&D 연구소를 방문하여 Software Platform 연구소장인 목경호 상무를 만나 인터뷰를 하게 되었다. 목 소장을 만나기 위해 20층으로 올라가 회의실로 안내를 받아 인터뷰 준비를 끝내고 기다리고 있는데, 짧고 시원한 스포츠 맨 헤어 스타일의 목 소장이 나타났다.

목 소장 : 저희 연구소 방문하신 것을 환영합니다. 일전에 통화 했던 목경호입니다.

호 기자 : 반갑습니다. 전화 드렸던 호연우입니다. 오늘 바쁘신데 이렇게 시간을 내주셔서 감사합니다. 좋은 얘기 많이 듣고자 이렇게 왔습니다. 말씀 드린 대로, 오늘 인터뷰는 한국의 Software 현황에 대해 여러 가지 질문을 드리고자 합니다. 먼저, 목소장님의 의견으로는 우리나라 IT업계의 Software 수준은 어떻다고 평가하십니까?

목 소장 : 저의 생각은 이 분야에서 일하시는 다른 분들의 생각과 별반 다르지 않을 것이라 생각합니다. 미국 기업들에 비하면 많이 늦었고 뒤져 있다는 사실을 부인할 사람은 없을 테니까요.

Software는 크게 3 가지 차원에서 얘기할 수 있을 것입니다. OS (Operating System) 수준, 보안 등을 다루는 Middleware 수준, 그리고 그 위에 자리하고 있는 Application Software 수준으로 나누어 볼 수 있는데, 저희는 특히 처음 두 차원인 OS와 Middleware에서 약한 것 같습니다. 물론, 이는 Application Software가 상대적으로 쉽기 때문이라고 생각합니다.

호 기자 : 그렇다면, Software 분야에서 이렇게 늦고 뒤지게 된 이유는 무엇이라고 생각하십니까?

목 소장 : 우리나라 사람들이나 기업은 멀리 내다보는데 약하지 않나 하는 생각을 합니다. 어쩌면, 상상력의 부족 또는 단기적이고 눈에 보이는 것에 집중하는 사고방식이 이런 결과를 가져오지 않았나 생각합니다. 갈 때까지 가봐서 '정말, 안 하면 안되겠네!'라고 느껴야 하게 되지. 사실 이런 생각과 자세는 우리의 성장 과정에서 굳어져 왔다고 할 수 있고, 어쩌면 당연한 결과인지도 모르겠어요. 아직도 Software의 중요성을 깊이 인식하지 못하는 사람들이나 기업들이 많아요. 또 중요성은 인식하지만, 당장 다른데 돈을 쓰거나 투자해야 할 곳이 더 많다고 느껴 Software에 투자를 미루게 되지요. 이 건 우리만의 문제는 아닐 것입니다. 그런데, 세상에서 성공하려면 다른 사람 또는 다른 기업과는 무언가 달라야 하지 않을까요? 캐나다의 Ice Hockey 영웅이었던 Wayne Gretzky라는 선수는 이렇게 얘기한 적이 있습니다. '저는 게임 중에는 Puck이 가는 곳으로 가지 않습니다. 저는 Puck이 갈 곳으로 달려 갑니다.' 훌륭한 선수는 이렇게 남과 다른 생각과 행동을 하지요. 얼마 전에 세상을 떠난 애플의 Steve Jobs가 계속되는 히트 상품으로 시장에서 놀라운 성공을 이루었는데, 그가 남들과 달랐던 것은 바로 반드시 해야 된다는 생각과 집요한

실행이었다고 생각합니다. Apple에서 처음 성공을 거두었던 iPod이라는 MP3 Player를 생각해보면, 후발주자로서 Apple은 남들은 생각만 했었던 iTunes라는 프로그램을 만들어 다른 기업들과는 비교가 안될 정도의 획기적인 고객가치를 제공해 주었습니다. 소비자들에게는 디자인이 매력적인 디지털 기기가 본원적인 구매 동기는 아니지요. 소비자는 자신이 좋아하는 음악을 쉽게 Download하여 가지고 다니면서 언제 어디서든 즐기고자 하는 것이 그들의 핵심 니즈인데, Jobs는 이것을 간파했을 뿐 아니라 이런 니즈 충족에 커다란 장애요인이며 불편/고충이었던 것이 자신이 좋아하는 음악을 쉽게 찾고 Download하기가 어렵다는 것이라는 것을 깊이 공감했었다고 생각합니다. 그랬기에 그는 소비자들의 이러한 문제를 해결해 주기 위해 iTunes를 만들었는데, 이는 절대로 쉬운 일이 아니었다는 것을 우리는 인식해야 합니다. 음반업계 사람들을 만나보면 이해 관계가 복잡하고 설득이 어려워 벽에 부딪히곤 했을 겁니다. 실상, 저희도 과거에 PDA시절에 PDA에 소비자가 좋아하는 음악을 Download해서 듣게 할 수 없을까 해서 음반업계 사람들을 만나 보았는데 도저히 협의와 협상이 안 되어 중단했지요. 그런데, Jobs가 이끄는 Apple은 간접적으로 들어보니 약 3000번의 회의를 통해 음반업계와 합의를 이루어 iTunes를 탄생시켰다고 합니다.. 이것이 바로 Apple의 핵심 성공요인으로 고객의 문제를 해결해 주려는 집요한 실행이지요. 그러니, 소비자들이 그렇게 Apple 제품에 열광했던 것 아니겠어요? 결국, 실행이 그런 차이를 만드는 것이죠!

1 기업 간의 차이를 만드는 것은 결국 고객가치 창조를 위한 실행

이 책의 앞 장에서 소개된 고객가치 창조의 사례에서와 같이, 독창적인 아이디어가 발현되고 실제로 이를 구현하여 가시화된 형태로 시장에 출시하기까지 고객가치 창조의 전체과정을 크게 두 가지 과정으로 나누어 보았다. 하나는 새로운 고객가치에 대한 창의적 아이디어의 발현이었고, 다른 하나는 발현된 창의적 아이디어를 실제로 구현하기 위한 실행이었다. 그러나, 이러한 구분은 실상 이 책에서의 논의와 설명의 편리를 위해 사용한 구분이었고, 엄밀한 기준으로 보면, 창조적 사고를 통한 창의적 아이디어를 발현하는 창의 활동도 어떤 측면에서는 그 자체가 실행이라는 것을 인식할 필요가 있다. 창조적 사고로부터 나타나는 창의적 아이디어의 발현도 수 많은 시행착오와 반복적 노력이 경주된 실행의 결과로 얻어지는 것이기 때문에 이러한 창의 활동도 실행임에 틀림없다. 그리고, 창의적 아이디어를 실제로 구현하는 실행 과정에서 또 다른 형태의 창의나 실행 그 자체를 위한 창의도 있을 수 있을 것이다. 그런데, 기업에서 추구하는 고객가치 창조의 완성은 힘들게 얻은 창의적 아이디어를 완성도 높은 제품이나 서비스로 구현하여 고객에게 제공하는 실행이 있어야 가능하므로, 여기서는 창의적 아이디어의 실제 구현 과정을 실행이라 부르고 이에 초점을 두어 논의를 전개하고자 한다.

최근에 글로벌 시장에서 가장 두각을 나타내는 기업은 바로 Steve Jobs가 이끌던 Apple이라 할 수 있다. 그는 얼마 전 아쉽게도 세상을 떠났지만, 전 세계의 수 많은 사람들에게 의미 있는 고객가치를 제공해 준 사람이 아니었나 생각한다. 지난 10여 년에 걸쳐 Apple은 일련의 제품들을 출시하여 지속되는 성공을 거두어 왔다. 그렇다면, Apple은, 다른 기업과 비교해 보면, 과연 무엇이 어떻게 다를까? 먼저, Apple이 출시한 제품들을 고객가치의 관점에서 다음 표와 같이 정리해 볼 수 있다.

	Launched in November, 2001	Launched in June, 2007	Launched in April, 2010	Introduced in June, 2011
Apple Product and Service	iPod 	iPhone 	iPad 	iCloud Computing 
Curtomer Pain	▸ Search and Download of Songs to Listen to	▸ Lack of Instant Access to the Internet in Mobile Situation ▸ Separation of online and offline Activities	▸ Various Pains with Notebook	▸ Bonebreaks with Multi -screen Synchronization
Customer Value	▸ iTunes for Easy Download	▸ Instantaneity with Mobile Phone with Internet Access	▸ Light, Easy -to-carry ▸ Long Battery Life ▸ Fast Booting …	▸ Easy Multi -screen Synchronization

물론, Apple은 오랫동안 Software 관련하여 많은 사업을 해왔기에 OS (Operating System)를 포함하여 여러 Software 관련 분야에서 뛰어난 역량을 지니고 있다. 이로 인해 Apple 디지털 기기의 Interface는 뛰어나고, 동시에 가용할 수 있는 Applications도 다양하고 많다. 게다가, Apple의 전자기기 제품은 디자인도 세련되어 누가 보아도 매력적일 뿐 아니라 사용이 편리하고 기술적으로도 선도적이어서 현재로서는 대체할 만한 경쟁제품이 별로 없다고 해도 과언이 아니다. 최고의 부품으로 Hardware를 만들고 오랫동안 축적해온 Software Know-how에 기반한 기술로 결합시켜 Apple은 뛰어난 제품을 만들어 낸 것이다. 그런데, Apple의 제품은 이렇게 겉으로 인지되는 물리적 제품의 우수성을 넘어 기존의 다른 기업들이 제공하지 못했던 새로운 고객가치를 제공했다는 사실을 인식하는 것은 매우 중요한 일이다.

2001년도에 Apple이 출시한 iPod라는 MP3 Player를 생각해 보자. 그 당시 MP3 Player 시장에서는 한국기업인 (주)레인콤의 iRiver라는 제품이 이미 있었기에 Apple은 뒤늦게 MP3 Player 시장에 진입한 후발주자였다. 그런데, 시장의 후발주자임에도 불구하고 선발주자가 하지 못했던 고객의 중대한 불편을 해결해 주는 고객가치를 창조하여 제공하였기에 시장을 석권할 수 있었던 것이다. MP3 Player라는 디지털 기기를 사는 소비자에게는 단순히 전자기기인 MP3 Player 그 자체가 궁극적인 니즈였다기보다는 자신이 좋아하는 음악을 쉽게 얻어 저장하여 가지고 다니면서 언제 어디서든 즐기는 것이 가장 중요한 본질적인 욕구였던 것이다. 이러한 본질적인 욕구를 충족시키는 데는 소비자 자신이 좋아하는 음악을 쉽게 찾아 MP3 Player에 Download할 수 있어야 하는데, 얻고자 하는 음원을 찾는 일이 소비자들에게는 매우 성가시고 쉽지 않은 일이었고 이는 실상 소비자 고객들에게는 커다란 고충이었다. 이런 소비자들의 불편과 고충은 Hardware인 디지털 기기만으로는 해결해 줄 수 없는 것이라는 것을 Apple은 인지하고, 이 고충을 해결해 줄 수 있는 iTunes라는 프로그램을 음반업계의 사람들과 합의 하에 만들고 고객들에게 제공하여 고객들의 폭발적인 반응을 얻을 수 있었던 것이다. Apple은 이렇게 고객이 겪고 있던 커다란 불편과 고충을 해결해주기 위해 iTunes를 만들어 제공함으로써 경쟁사들이 하지 못했던 고객가치를 창조하여 제공했고 이에 대한 보상으로 시장의 성공을 얻게 된 것이다. 돈만을 벌기 위해 싼 부품으로 비용이나 절감하려 했던 GM과 같은 기업과 확연한 대조를 이룬다 하겠다. iPod을 출시한 이후인 2007년에는 Apple이 iPhone을 출시하였다.

iPhone 역시 뛰어난 제품 기능과 우수한 디자인을 갖춘 것은 물론 사람들의 실질적인 Mobile Life를 가능하게 해 준 커다란 변화를 가져왔다. iPhone이 출시되기 전까지는 소비자들의 온라인 활동과 오프라인의 활동이 매끄럽게 이어지지 않아 커다란 불편으로 남아 있었는데 이를 실질적으로 해결해 주는 고객가치를 창출하여 Appledms 또 하나의 성공을 거두게 되었다. 과거에는 거의 모든 사람들이 집이나 사무실 등 특정 장소에 고정된 PC를 통한 접속한 온라인 세상과 오프라인 세상에서의 활동 사이에 존재했던 커다란 벽으로 인해 즉시성이 가능한 활동의 연결이 불가능했다. 과거에는 맛집을 찾아가려 해도, 집이나 특정 장소에 고정되어 있는 PC를 이용하여 인터넷에 접속한 후 맛집 정보를 찾아 그 정보를 종이 쪽지에 적어 가지고 오프라인의 맛집을 찾아 가곤 했다. PC에서 맛집 정보를 찾는 Online 작업과 맛집을 찾아 이동하는 Offline 작업은 즉시성으로 연결된 하나의 작업이 아니라 순차적으로 해야 했던 두 개의 분리된 작업으로 진행되어 불편함 그 자체였다. 그러나, Apple의 iPhone은 매우 쉽고 단순한 방법으로 이 두 가지 작업을 하나의 연결된 작업으로 즉시성과 더불어 동시에 진행할 수 있게 해 줌으로써 고객들의 고충을 해결해 준 전례 없는 고객가치를 제공했던 것이다.

iPhone에 이어 2010년에 시장에 소개된 iPad 역시 오랫동안 고객들이 Notebook 컴퓨터를 쓰면서 불편했던 여러 가지 문제점들을 한꺼번에 해결해 주었다. 기존의 Notebook 컴퓨터는 Booting하는데 오랜 시간이 걸리고 무거워 휴대성이 떨어지며, 배터리 사용 시간도 길지 않아 소비자들의 Mobile Life에 많은 불편을 주곤 했다. 그러나 iPad는 이러한 Notebook 컴퓨터로부터 겪었던 고객들의 불편을 말끔히 해소시켜준 그야 말로 사막의 오아시스와도 같은 새로운 상품 캐터고리로서의 솔루션이었고 고객이 전에는 느껴보지 못했던 새로운 고객가치였던 것이다. 이러한 고객가치를 제공하는 iPad의 수요는 전세계적으로 폭발적이었으며 품귀 현상으로까지 나타나기도 했다.

Jobs가 사망하기 전인 지난 6월 매우 수척한 모습으로 Apple

Conference에 나온 그는 iCloud Computing이란 서비스를 소개했다. 과거에는 PC가 사람의 디지털 라이프의 중심인 Hub이 되었지만, 이제는 다수의 디지털 기기, 예를 들면, iPhone, iPad, MacBook 등을 사용하거나 휴대하는 라이프스타일로 변화되고 있다는 것을 Apple은 인지하게 되었다. 그래서, Apple은 소비자가 여러 개의 디지털 기기를 병행해서 사용할 때 겪게 되는 불편과 고충은 바로 고객이 사용하는 다수의 디지털 기기의 동기화(N-screen Synchronization)라고 판단했고, 이 문제를 해결해 주기 위해 소비자들이 손쉽게 쓸 수 있는 iCloud Computing Service를 출시했다. 예를 들어, iPhone이라는 특정 디지털 기기를 통해 사진이나 데이터를 얻게 되면 iCloud Computing Service를 통해 함께 사용하고 있는 다른 모든 디지털 기기로 옮겨지는 기기의 동기화가 이루어지게 된다. 그렇게 되면, 고객들은 어느 기기에서나 동일한 사진이나 데이터를 자유로이 사용할 수 있게 되어 과거에 Cable을 연결하여 하나의 기기에서 다른 기기로 수작업을 통해 일일이 옮겨야 했던 불편과 고충을 해소하게 되었던 것이다.

앞에서 논의한 Apple의 계속된 일련의 성공 제품들을 보면, 크게 두 가지 공통점이 있다는 것을 발견할 수 있다. 하나는 소비자들이 그들의 생활 양식에서 겪고 있는 또는 가까운 미래에 겪게 될 불편이나 고충을 깊이 인식하고 이에 대한 솔루션을 최고의 품질로 동시에 가능한 최대한 쉽고 단순하게 만들어 제공했다는 것이다. 다른 하나는 이러한 솔루션을 만들 때는 아무리 어려운 일이 생겨도 이를 극복하고 중단없는 집요한 실행으로 그 솔루션의 완성도를 극대화했다는 것이다. 개인적인 생각으로는 이 두 가지가 바로 오늘날의 Apple을 만들었고 확고한 경영철학을 갖고 이를 주도한 사람이 바로 Steve Jobs였다라고 생각한다.

여기서 느껴지는 것은 Apple이 찾고 밝혀낸 고객들의 불편과 고충에 대한 Customer Insight와 이러한 고객의 문제에 대한 솔루션을 만들어 낸 그들의 창조적 사고 역량은 물론 없어서는 안 될 정도로 핵심적인 것이었지만, 그들만이 이루어낸 고객가치 창조라는 큰 시각에서 보면 그들의 창의는 첫 단추였고 그들의 집요한 실행이 고객가치 창조를 완성했다는 것이다. 이렇게, 고객가치 창조의 두 가지 요소인 창의와 이를 구현하는 실행은 어느 하나 없이는 굴러갈 수 없는 수레의 두 바퀴와 같은 것으로 두 가지가 다 갖추어지지 않으면 고객가치 창조는 절대로 완성될 수 없다는 것은 아무리 강조해도 지나치지 않을 것이다. 고객들의 불편과 고충을 해결할 솔루션으로 Apple이 도출했던 창의적 아이디어는 어쩌면 다른 기업 또는 다른 사람들에게도 존재했을 것이다. 그런데, Apple은 다른 기업들과는 달리 그들이 가졌던 창의적 아이디어를 타협 없이 철저한 실행으로 최고의 완성도를 갖춘 제품으로 구현해냈고, Apple의 이러한 실행이 바로 차이를 만들어 냈다는 사실에 대해서는 의견을 달리할 사람이 별로 없을 것이다. 창의적 아이디어가 아무리 좋다고 해도 실행으로 이어지지 않거나 낮은 완성도에 그치게 된다면 기대하는 결과를 얻을 수 없다. 그러므로 기업이 추구하는 고객가치 창조의 완성은 바로 높은 완성도를 전제로 창의적 아이디어를 실제로 구현해 내는 집요한 실행에 달려있다는 것을 잊어서는 안 될 것이다.

2 기업에서 실행이 잘 되려면

(1) 실행이 잘 안 되는 이유

다른 기업과 달리 Apple이 시장에서 괄목할 만한 성공을 이루게 된 것은 바로 그들이 추구하는 완성도 높은 제품의 구현에 대한 타협 없는 집요한 실행이었다는 것을 앞에서 강조했다. 그렇다면, 보통의 기업들은 실행이 왜 잘 안되거나 실행에 약한 것일까? 여기서는 이 질문을 통해 Apple과 같은 실행 역량을 갖추기 위해서는 기업에서 무엇을 해야 되는지를 논의해 보고자 한다. 이 질문에 대한 답변을 찾고자 여러 기업에 있는 사람들에게 이 질문을 던져 보기도 하고 인터뷰도 진행하여 다음과 같은 이유들을 찾을 수 있었다.

- 왜 해야 하는지 또 안 하면 왜 안 되는지에 대한 공감이 없어 열정이 생기지 않아
- 실행으로 연결될 수 있게 구체화된 실행 전략이 없어서 (또는 조직원들이 명확히 무엇을 해야 하는지를 몰라서)

- 실행 후 돌아오는 보상이나 혜택이 불명확하여 동기부여가 잘 안 되어서
- 하는 일이 재미없어 하기 싫어서
- 실행에 필요한 자원과 여건이 주어지지 않아서
- 실행을 누가 담당하고 책임을 져야 하는지가 불명확해서
- 경영진의 지지 또는 부서간의 합의가 이루어 지지 않아서
- 내부적으로는 통제할 수 없는 외적인 장애 요인으로 인하여
- 일이 정말 어려워 할 수 있는 역량이 안 되어
- 잘 할 수 있는 것이라는 확신이 없어서
- 때론 해야 되는 것이 안 하는 것보다 쉽거나 안 하면서 빠져 나갈 수 있는 핑계가 있어서
- 상황이 안하면 안 될 정도로 아직 절박하거나 고통스럽지 않아서
- 일을 지속할 수 있는 인내심/끈기가 없어서

위에 나열된 실행이 잘 안 되는 이유들을 살펴보면, 크게 두 가지로 나누어 볼 수 있다. 어떤 이유는 개인 차원의 이유인 반면, 다른 이유들은 조직에서 문제를 올바로 인식하지 못해 생겨나는 이유들이다. 개인 차원의 이유는 개인들이 자신의 실행력을 높이기 위해 Self-leadership을 강화하며 노력해야 할 것들이고, 조직 차원의 이유는 조직의 리더가 문제를 올바로 인식하고 강력한 의지로 실행을 해 나가면서 해결해야 하는 것들이라고 생각한다. 실상, 많은 기업의 경우, 가장 크고 힘든 도전은 다름아닌 실행이다. 그리고 Apple과 같이 집요한 실행을 한다는 것은 지극히 어렵기에 예외적이고 드문 경우라 할 수 있다. 그렇지만, 실행도 기업

이 또는 조직이 갖추어야 할 핵심 역량이고 동시에 이는 강화될 수 있는 조직의 역량이라는 것을 잊어서는 안 된다.

(2) 실행이 잘 되게 하려면

위에서 살펴본 대로, 기업에서 실행이 잘 안 되는 이유는 조직 차원에서의 이유와 조직 내의 직원 개인 차원의 이유들이 있다. 그렇다면, 실행이 잘 되게 하려면 무엇을 해야 할까?

- 기업 내에서 실제 구현할 창의적인 아이디어가 선정되면, 실행에 대한 여러 가지 의사결정이 명확히 이루어져야 하고 부서간의 확실한 합의와 철저한 공동 노력이 이루어질 수 있게 경영진은 실행을 위한 지속적인 지지와 약정(約定)한 노력(Committed Effort)을 해 나가야 한다.

- 기업이나 조직에서 고객가치 창조를 위해 철저한 실행이 되기 위해서는 무엇보다도 먼저, 이러한 실행이 내부 구성원과 조직을 위해 왜 중요한지에 대한 공감대가 형성되어 직원들에게 실행을 위한 충분한 동기가 부여될 수 있어야 한다. 이를 위해 경영진에서 가장 먼저 이러한 소통을 시작해야 하겠지만, 조직 내에서 구성원 간의 소통도 여러 방향으로 지속적으로 이루어져야 한다. 내부 구성원들이 이러한 공감과 동기를 갖지 못한다면 실행은 절대로 잘 되기

어렵다.

- 창의적 아이디어를 구현해 나가는 실행과정에서 개인의 이해관계를 조직의 이해관계와 일치하게 하는 것은 자발적인 실행을 유도하는데 있어서 매우 중요한 일이다. 물론, 이러한 외재적 동기가 모든 것을 해결해 주는 것은 절대 아니겠지만, 사후 성과에 대한 보상이 주어진다는 기본적인 외재적 동기로 사람이 실행에 몰입하는데 도움이 될 것이므로 조직 성과와 개인의 보상을 연계하여 적절히 설계하고 소통해야 한다. 보상을 줌으로써 개인의 실행 의욕이 강해지는 것보다는, 보상을 주지 않음으로써 개인의 실행 의욕이 약해지는 것이 오히려 문제가 될 수 있다. 또한, 사람은 절대적 보상보다는 오히려 상대적 보상에 더욱 익숙하다는 것을 이해하고 수용한다면, 실행 성과의 차이는 물질적인 보상은 물론 칭찬이나 인정과 같은 비물질적인 보상으로 차등하여 제공하는 것이 실행을 촉진하는데 효과적이라 하겠다.

- 창의적 아이디어를 구현하는 실행과정에 따른 실행 활동이 재미있고 도전적이어서 내부 구성원들이 기꺼이 하고자 하는 일이 되어야 한다. 실행기간 동안에 독립적으로 실행에 몰두하는 팀을 구성하여 그들이 독자적으로 실행을 해 나가는데 필요한 내재적 동기를 가질 수 있게 여건을

만들어 주어야 한다.

- 조직 내에서 발현한 창의적 아이디어를 어떻게 실행할 것인지에 대한 실행 전략이 명확히 수립되어야 하고, 또한 개인들은 구체적으로 무엇을 해야 하는지를 명확히 알 수 있게 실행 계획을 공유하여 실행 과정에서 일을 담당하는 사람들의 책임과 권한을 명확히 하여 시스템적인 실행이 될 수 있게 추진해 나가야 한다.

- 창의적 아이디어를 구현하는 실행에는 반드시 필요한 시간과 자원이 충분히 주어져야 한다. 아무리 좋은 아이디어라도 충분한 시간과 자원이 적절한 여건하에서 제공되지 못한다면 실제 구현을 위한 실행이 잘 되기 어렵다.

- 창의적 아이디어를 실현하는 활동에는 필요로 하는 역량과 스킬이 있기 마련이다. 실행의 주체가 되는 직원들이 필요한 역량과 스킬을 갖출 수 있게 적절한 사고 교육, Self-leadership 교육, 직무 교육, 그리고 그 외에 필요한 교육을 제공하여야 완성도 높은 실행 결과를 얻을 수 있게 될 것이다.

- 창의적 아이디어를 실제로 구현하는 과정에는 예상치 못했던 난관과 어려움에 봉착할 수 있어 성과가 날 때까지

지속하지 못 해 중단하는 경우도 자주 발생한다. 이런 경우는 실행 팀만의 실패라기 보다는 프로세스 또는 조직 구조에서도 실패 원인을 찾아 보아 조직 내에서 집요한 실행이 안되는 이유를 찾아 더욱 효과적인 과정 관리를 해나가도록 해야 할 것이다.

- 조직 내에서 발현된 창의적 아이디어가 실제로 구현될 때는 어떤 수준의 실행을 하느냐에 따라 결과적으로 나타나는 구현의 완성도가 달라진다. 단순히 아이디어를 실제로 구현했다는 막연한 실행이 아니라, 구체적으로 타협할 수 없는 수준을 미리 정해 놓고 이에 도달할 때까지 멈추지 않는 집요한 노력이 지속되어야 한다.

위에서 기업의 조직에서 발현된 아이디어가 실제로 잘 실현되기 위해서는 무엇을 해야 하는지를 논의했다. 여기서 언급하고 싶은 것은 구현하고자 하는 아이디어에 따라 실행 과정과 실행상 요구되는 것들이 달라지므로, 실행을 위한 충분조건을 찾는다는 것은 매우 어려운 일이라 생각된다. 그러므로 위에서 제시한 것들은 실행이 잘되기 위해 해야 하거나 갖추어야 할 필요조건들로서 실제 경험과 예측을 통해 생각해 볼 수 있는 것들을 제시해 보았다. 한 가지 분명한 것은 창의적 아이디어를 실제로 구현하는 실행과정에 있어서 이러한 필요조건 조차도 충족되지 않는다면 절대도 기대하는 결과를 얻을 수 없다는 것이다.

그렇다면, 고객가치 창조의 완성을 위해 실제로 선정된 창의적 아이디어를 구현하는 실행은 기업이나 조직 내에서 누가 주도할 수 있고 해야 하는가? 기업에서 고객가치 창조를 위한 실행을 담당할 주역은 조직에 속해 있는 개인이다. 그러나, 그들에게는 실상 의사결정권과 실제 활동을 주도할 수 있는 권한과 책임이 주어지지 않는다. 물론, 이러한 상황에서도 개인들이 조직 내에서 발현된 아이디어를 실행하는데 어느 정도까지는 능동적으로 필요로 하는 활동과 요건을 갖추어 나갈 수도 있지만, 이러한 노력들이 탄력을 받기는 힘들어 한계가 있을 수 밖에 없다. 그러므로, 기업의 조직에서 개인의 창의 발현을 촉진하는 창의 프로그램을 중심으로 한 창의경영과 직원들이 발현한 창의적 아이디어를 실제 실행으로 옮겨 완성도 있는 결과를 얻는 활동을 주도해야 할 사람은 다름 아닌 그 기업의 CEO를 포함한 경영진인 조직의 리더들이 되어야 한다. 기업에서 모든 의사결정을 할 수 있는 권한을 가진 CEO와 조직의 리더들이 먼저 조직 내에서 개인의 창의성에 대한 확고한 믿음을 가지고 이를 활성화시킬 수 있는 창의 프로그램을 만들어 운영하고 이를 통해 도출되고 선정된 창의적 아이디어를 완성도 있게 구현하는 모든 실행 과정을 주도하고 지원하지 않는다면, 창의경영은 꽃 피울 수 없다. 이렇게 기업에서는 어떤 Initiative든 필요한 활동의 시작과 지속적인 추진은 바로 권한과 Leadership을 가진 조직의 리더들이 할 수 밖에 없으므로, 기업 또는 조직의 리더들의 역할이 바로 창의의 실행 결과를 좌우한다고 하겠다.

기업에서 고객가치 창조를 위해 실제로 아이디어를 구현하는 실행이 잘 안 된다면, 그 것은 그 기업의 CEO를 포함한 리더들이 실행을 주도하지 않았기 때문일 것이다. 그렇다면, 기업의 리더들이 적극적으로 실행을 주도하지 않는다면 그 이유는 무엇일까? 이 질문에 대해 몇 가지 중요하다고 여겨지는 답변을 찾아 보면 다음과 같다.

- 하고자 하는 고객가치 창조에 대해 확신이 없거나 중요하다고 생각하지 않아서
- 고객가치 창조를 위한 실행이 잘 되기 위해 무엇을 해야 하는지를 잘 몰라서
- 고객가치 창조의 완성을 위한 실행을 잘 할 수 있는 역량이나 의지가 부족해서
- (생존을 위해서든 성장을 위해서든) 고객가치 창조를 완성하는 실행이 잘 안 될 때 겪게 될 손실과 고통을 예측 조차 못하거나 결과가 못 참을 정도로 힘들게 느껴지지 않아서

이러한 이유들이 위의 질문에 대한 답변이 될 수 있겠지만, 자세히 살펴보면 위의 이유들은 차원이 다소 다르다는 것을 알 수 있다. 이 이유들 중에 가장 밑바닥에 깔려 있는 이유는 고객가치 창조의 완성을 위한 실행이 잘 안 될 때 겪게 될 손실과 고통이 못 참을 정도로 크게 느껴지지 않아서 일 것이라고 생각한다. 만일, 이러한 손실과 고통이 감당하지 못할 정도라는 것을 안다면, 나머지 이유들은 대부분 해결될 수 있을 것이기 때문이다.

다른 동물과는 달리, 사람은 미래의 변화를 내다보고 예측하여 이에 대응해 나감으로써 생존을 하게 된다. 마찬가지로, 기업이나 조직에서 철저하고 집요한 실행이 되려면 미래의 생존 (또는 성장)에 대한 커다란 위협을 느끼고 그 위협이 현실로 나타날 때 겪게 될 손실과 고통을 실감할 수 있어야 할 것이다. 다시 말하면, 기업의 리더들은 추구하는 고객가치 창조를 위해 선정된 창의적 아이디어를 실제로 구현하는 실행이 이루어지지 않는다면 어떻게 될 것인가에 대한 깊은 인식이 있어야 실행에 대한 깊은 강한 Hungry Spirit을 가질 수 있게 되어 실행을 주도해 나갈 수 있을 것이다. 그러므로 기업의 CEO나 조직의 리더들은 이러한 원리를 이해하고 고객가치 창조를 위해 어떠한 실행을 하는가에 따라 결과가 달라질 뿐 아니라, 기업간의 커다란 차이까지 만들 수 있다는 것을 마음에 깊이 새겨야 할 것이다. 실행에 대한 CEO/리더들의 이러한 생각이 실행에 대한 훈육으로 연결되고, 이를 통해 실행 역량을 키움과 동시에 실행 문화를 구축하여 높은 수준의 고객가치 창조가 완성되게 하는 원동력이 되어야 할 것이다.

요약과 메시지

- 창의도 창의적 아이디어가 나올 때까지 노력하는 실행이고, 창의를 통해 얻은 아이디어를 실제로 구현하는 실행이 기업 간의 차이를 만든다.
- 창의적 아이디어의 완성도 높은 구현을 위해 집요한 실행을 주도해야 하는 사람은 기업의 CEO와 조직의 리더들이다.
- 기업에서 창의적 아이디어를 구현하는 실행이 잘 이루어지지 않는 이유는 실행이 잘 안 되었을 때 겪게 될 손실과 고통이 감당하지 못할 정도로 크다고 인식되지 않아 실행에 대한 강한 Hungry Spirit이 없기 때문이다.
- 실행에 대한 CEO와 조직의 리더들의 생각이 실행에 대한 훈육이 되게 하고 이를 통해 실행 역량과 실행 문화를 구축하여 높은 수준의 고객가치를 새로이 만들어 내는 고객가치 창조의 원동력이 되어야 한다.

Appendix Ⅰ 개인의 창의 발현을 위한 방법과 도구

여기서는 개인이 창조적 사고를 할 때 효과적으로 실행하고 창의적 산물을 빨리 얻을 수 있도록 뇌를 자극하여 새로운 생각을 촉진하거나 착상을 유도하여 아이디어를 발현하는데 도움이 될 수 있는 도구와 수단을 몇 가지 소개하고자 한다.

- 실제 몸/체험으로 느껴보기 - 사람은 무엇이든 직접 보고 듣고 실제로 체험해 보지 못하면 공감하기 어렵다. 고객이 특정 제품에서 겪고 있는 불편이나 고충은 그 제품을 만든 사람들이 그 제품을 직접 사용하고 체험해 보지 못하면 정확히 알기 어렵고, 그렇게 되면 고객에게 가치 있는 아이디어를 찾아 내기가 쉽지 않다. 서비스의 경우에는 고객이 느끼는 불만족 사항에 대해 Role Play를 통해 공감(Empathy)할 수 있을 때 고객가치 창조를 위한 창의적 아이디어의 발현 가능성이 더욱 높아지게 될 것이다.

- 형상화 - 체험한 것들을 다시 불러내거나 어떠한 모습을 마음 속에서 만들어 머리로 인식하게 하는 방법이라 할 수 있다. 형상화를 위해 마음 속에서 만들어진 모습을 그림으로 또는 글로 기술하여 가능한 구체화된 모습을 머리로 인식할 수 있게 되어야 한다.

- 추상화 - 관찰하고 경험한 것이 너무 많고 이해하기 또는 설명하기 복잡할 때는 단순화를 통해 핵심이 되는 것만을 모아 생각해 보는 방법이라 할 수 있다. 이를 위해 관련 Symbol, 핵심단어(Key Word), 주요 도식, 또는 간단한 그림으로 복잡한 것을 단순화시켜 보도록 해야 한다.

- 패턴 인식/형상화 - 겉으로 보기에는 또는 얼핏 보기에는 드러나지 않는 반복 형상을 찾아 내어 생각해 보거나 또는 흩어져 보이거나 따로 분리되어 있는 것들을 모아 반복될 수 있는 형상을 만들어 보면서 생각해 보는 기법이라 할 수 있다.

- 유추화 - 자신이 경험한 것 또는 알고 있는 것을 다른 것 또는 알지 못하는 것에 비유하여 새로운 것을 생각해 보는 기법이다.

- 입체적 사고 - 하나의 시각에서만 문제나 사물을 바라보고 생각하는 것이 아니라 다양한 시각에서 생각해 보는 기법이다. 사물의 핵심과 주변, 사물의 공통점과 차이점, 일의 전과 후, 일의 상충과 조화 등 개별 문제나 사물을 다른 시각에서 바라볼 수 있어야 한다.

- 통합적 사고 - 문제나 사물을 다양한 시각에서 생각해 본 것들을 결합하여 통합적인 시각에서 다시 생각해 보는 기

법이다. 예를 들어, 특정 솔루션의 장점과 단점을 고려해 보고, 그 솔루션이 실행될 때 실제로 가져오는 유익이 있는지를 통합적 시각에서 고려하여 실행 여부를 결정하는 사고 방식을 생각해 볼 수 있다.

- 분리적 사고 - 문제나 사물을 속성별로 또는 다양한 차원으로 나누어 생각해 보는 기법이다. 이때는 사물의 개별 속성과 사물 전체와의 관계를 염두에 두고 사고해 보는 것이 필요하다.

- 자신의 생각을 다른 각도에서 다시 생각하기 - 현재 가지고 있는 생각을 다른 각도에서 또는 반대 각도에서 다시 생각해 보는 기법이다.

- 연상 기법

  연상 기법은 시작 시점에 특정 단어나 이미지(실상 어떤 것으로든 가능하지만)를 가지고 그 것과 연상되는 것들을 반복적으로 확장해 나가면서 스토리를 찾고 이러한 과정에서 찾고 있는 창의적 아이디어를 발굴하는 방법인데, 보통 다음과 같은 단계로 진행하곤 한다.

  i) 아이디어를 찾고자 하는 대상 제품/서비스와 관련하여 하나의 Key Word를 선택하고 이것으로부터 생각을 시작한다.

ii) 앞에서 선정한 Key Word와 연상되는 다른 단어들을 5~6 가지 생각해 내어 일차 계층을 형성한다.

iii) 형성된 기본 계층에 있는 각각의 단어들과 연상되는 단어들을 생각해 내는 가지치기를 하면서 이차 계층으로 확장해 나간다.

iv) 앞에서의 단어 가지치기를 반복하여 추가적 계층을 계속해서 만들어 나간다.

v) 단어 가지치기는 형성된 여러 계층에 걸쳐 있는 단어들을 대변할 수 있는 이미지들이 도출될 때까지 지속한다.

vi) 도출된 여러 이미지들을 연결하고 이로부터 스토리나 시나리오를 만들어 보는 시도를 하고 이에 맞는 창조적 아이디어를 찾아본다.

vii) 이러한 과정을 유용한 창조적 아이디어가 나올 때까지 반복한다.

- 타인의 감정이입 - 생각은 육체의 감각과 근육, 힘줄과 피부를 통해 느낌으로 다가오는 것으로 알려져 있기에 대상 고객의 감정을 자신에게 이입시켜 직접 느껴보고 공감을 가지면서 생각해 보는 기법이다.

- Role Play - 대상고객의 입장에서 역할을 치환하여 실제로 해봄으로써 고객의 입장을 체험해 보려는 기법이다.

- 5W1H + How much 형태의 질문들 - 일반적으로 하나의 사건 또는 이야기 전체를 이해하기 위한 질문들로 Who, What, Where, When, Why, How를 지칭한다. 각각의 질문들은 사실의 한 부분을 끄집어 내어 대상 사건 또는 이야기에 대한 전체 그림을 완성해 나가게 된다.

- Mind Map - Mind Map은 중심이 되는 핵심 단어나 생각을 가운데 놓고 이와 관련된 다른 단어들, 다른 생각들, 다른 활동들과의 연결을 방사선 형태로 확장시키고 이를 지도 형태로 가시화하여 마음속의 생각을 표현한 그림이라 할 수 있다. Mind Map은 마음 속의 생각들을 분류하고, 구조화하고, 가시화하는데 자주 활용되며 마음 속에 내재화된 정보를 정리하는 효과적인 도구라 할 수 있다.

- Fishbone Diagram - 원인과 결과 간의 인과관계를 물고기 뼈의 형상으로 가시화한 그림이다. Fishbone Diagram은 특정 결과나 문제에 대한 많은 원인들을 찾는데 매우 효과적이며 다양한 원인이나 아이디어를 분류하는데 많이 활용된다.

- 창조적 사고를 유도하기 위한 Cue Card - 이는 방송에서 주로 사용되는 용어로 카메라 옆에서 연기자에게 대사를 알려주는 커다란 판을 지칭하는데, Idiot Card, Cue

Sheet/Board, Prompter Card라고도 한다. 단어, 그림, 이미지, 색깔 등 다양한 형상을 포함하고 있는 카드로 뇌를 자극하여 창의적 아이디어를 얻는데 활용되는 도구이다.

● 수첩/Notebook – 창의적인 아이디어를 얻기 위해서는 평소에도 수시로 몰입하여 생각하고 떠오르는 아이디어를 그때 그때 즉시 메모해야 한다. 어떤 분야에서든 창의, 즉 독창적 아이디어의 발현은 어느 순간 갑자기 생겨나기 때문에 한 번 떠올랐던 아이디어는 생각의 연결고리가 끊어지면 잊어버리게 되고 잊어버린 생각은 쉽게 돌아오지 않는 경우가 많다. 따라서, 작은 수첩이나 필기 도구를 항상 지니고 다니는 것은 창의를 위해 매우 유용한 습관이 될 뿐 아니라 창조적 사고를 위해서는 없어서는 안 될 필수적인 도구라 할 수 있다. 밑의 그림은 필자가 어느 기업과 함께 창의 활동을 할 때 실제로 직접 만들어 활용했던 수첩을 예로 제시해 보았다.

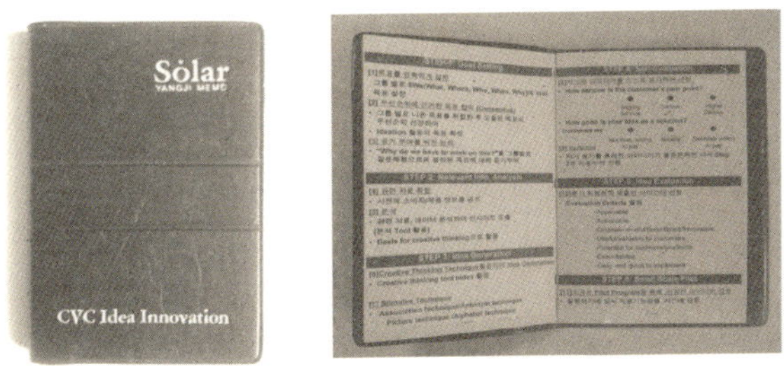

직접 제작하여 사용해본 창의적 아이디어 발상을 위한 수첩

Appendix II 개인의 창의 발현을 위한 준비를 점검해 보기 위한 질문

개인의 창의 활동을 사람이 혼자 배를 타고 깊은 바다로 나가 바다 낚시하는 것에 비유해 보자. 어떻게 하면 바다 낚시를 잘 할 수 있을까? 깊은 바다에 나가서 낚시하는 것을 독창적 아이디어를 발현하는 과정의 4 가지 단계에 비추어 생각해보면, 먼저 바다 낚시의 목적을 명확히 해야 한다. 바다 낚시는 무엇을 위해 또 왜 해야 하는지, 안 하면 왜 안 되는지를 생각해 보아야 한다. 또 한다면 구체적으로 무엇을 어떻게 해야 하는지에 대해서도 실행 전에 깊이 생각해 보아야 한다. 추가적으로 바다 낚시에 대한 동기와 열정을 느끼는지 그리고 바다 낚시로부터 재미/즐거움을 느낄 수는 있는지, 바다 낚시를 잘 할 수 있는 역량/스킬을 가지고 있는지, 끝까지 갈 수 있는 추진 의지와 인내심, 그리고 잘 할 수 있다는 확신을 가지고 있는지 등을 확인해 바다 낚시에 대한 확고한 목적의식을 가지고 바다 낚시를 시작해야 한다.

마찬가지로, 개인이 창의적 아이디어를 내기 위해 자신은 어떤 준비를 갖추고 있는지를 확인해 보는 것은 매우 중요하다. 준비가 잘 된 상태에서 아이디어를 내는 실행으로 들어 가면 준비가 잘 되어 바다 낚시를 잘 할 수 있는 것과 같은 이치로 창의적 아이디어를 낼 가능성을 높일 수 있다. 이를 위해 다음과 같은 최소한의 질문들을 스스로에게 해 봄으로써 자신의 준비상태를 점검해보는 것도 경험에 비추어 보면 매우 유용하다고 하겠다.

- 이 일에 대해 추진 동기를 가질 수 있는가?
- 이 일로부터 재미/즐거움을 느껴 열정적으로 일할 수 있는가?
- 이 일을 할 수 있는 역량/스킬을 가지고 있는가?
- 이 일을 끝까지 필요한 추진의지와 인내심을 가지고 있는가?
- 이 일을 충분히 해낼 수 있다는 자기 확신을 가지고 있는가?

이러한 질문들에 대하여 확고한 답변을 가지고 창의 활동을 시작한다면 기대하는 결과를 얻을 가능성을 한층 더 높일 수 있으리라 생각한다.

고객가치 창조의 핵심 역량인

창의 그리고 실행

2011년 12월 10일 1판 1쇄 인쇄
2011년 12월 15일 1판 1쇄 발행

지은이 최정환
펴낸이 한정주
펴낸곳 지성공간

등록 제406-2008-000067호
주소 경기도 파주시 교하읍 문발리 파주출판문화정보산업단지 514-5
전화 031-955-6952
팩스 031-955-6037
홈페이지 www.kyoyookbook.co.kr
이메일 kyoyook@chol.com
ISBN 978-89-961723-9-0 03320
값 12,000원